사랑을 시작하는 우리에게

戀愛課: 戀人的五十道習題
Copyright 2014 ⓒ By 陳雪
All rights reserved.
Korean translation copyright ⓒ 2025 by Geulhangari Publishers
Korean language edition arranged with 陳雪
through Linking-Asia International Co., Ltd.

이 책의 한국어판 저작권은 연아인터내셔널을 통한 陳雪와의 독점계약으로
한국어 판권을 ㈜글항아리에서 소유합니다. 저작권법에 의하여 한국 내에서
보호를 받는 저작물이므로 무단 전재와 복제를 금합니다.

사랑을 시작하는 우리에게

연인을 위한 50가지 연습

천쉐 지음 조은 옮김

글항아리

일러두기
- 본문 하단의 부연 설명은 옮긴이 주다.

차례

1부

'자아'에 관하여 ___ 011

'설렘'에 관하여 ___ 013

'용서'에 관하여 ___ 017

'함께하기'에 관하여 ___ 023

'동거'에 관하여 1 ___ 034

'동거'에 관하여 2 ___ 039

'안정'에 관하여 ___ 046

'담담함'에 관하여 ___ 051

'불안'에 관하여 ___ 056

'전 연인'에 관하여 ___ 063

'의심'에 관하여 ___ 072

'동반'에 관하여 1 ___ 078

'동반'에 관하여 2 ___ 085

'반려자'에 관하여 ___ 089

'돌봄'에 관하여 ___ 096

2부

'이해'에 관하여 ___105

'배려'에 관하여 ___112

'계산'에 관하여 ___118

'기대'에 관하여 ___124

'적응'에 관하여 ___131

'강자'에 관하여 ___137

'불확실'에 관하여 ___142

'두려움'에 관하여 ___149

'다툼'에 관하여 ___153

'맞춰주기'에 관하여 ___159

'위험지대'에 관하여 ___165

'소유'에 관하여 ___173

3부

'떠남'에 관하여 ___185

'변심'에 관하여 ___192

'살아냄'에 관하여 ___197

'약속'에 관하여 ___201

'이별'에 관하여 1 ___210

'이별'에 관하여 2 ___220

'놓아줌'에 관하여 ___227

'고난'에 관하여 ___233

'재결합'에 관하여 ___239

'배신과 거짓말'에 관하여 ___244

'선택'에 관하여 ___258

'상처'에 관하여 ___263

'마무리'에 관하여 ___271

'상실'에 관하여 ___277

'너 없이 못 살아'에 관하여 ___281

'우정'에 관하여 ___289

혼잣말

연인 ___299

친밀함 ___302

고독 ___304

때로는 ___307

버티기 ___310

냉전 ___312

성장 ___315

헌신 ___319

마무리 ___322

기다림 ___325

1부

'자아'에 관하여

　사랑할 때마다 기진맥진하는 당신, 문제의 원인은 상대의 배신 때문만이 아니라는 걸 나중에야 깨닫는다. 모든 사랑은 결국 '자아'의 문제다.

　연애를 시작하면 나 자신은 보이지 않는다. 오로지 사랑하는 사람만 보인다. 그 사람을 중심으로 세상이 돌아간다. 당신은 할 수 있는 건 뭐든 다 하고 할 수 없는 일까지 억지로 해낸다. 그러면 연인이 행복해질 거라고, 연인의 행복이 곧 당신의 행복이라고 여기면서 말이다. 사랑이란 '서로 의지하고 보살피는' 거라고 생각하면서도 당신이 '일방적으로 헌신'하고 있다는 사실은 깨닫지 못한다. …… 당신은 주는 행위를 해야 마음이 편하다. 사랑이 잘못되면 삶이 통째로 망가지고 만다.

그런 도돌이표는 멈춰야 한다. 당신 자신의 문제를 독립적으로 풀어가야 한다. 당신은 스스로에게 묻는다. 어디서부터 시작해야 하나? 질문이 꼬리에 꼬리를 문다. '내 인생이 어디서부터 잘못됐지? 난 도대체 어떤 삶을 살고 싶은 거야? 나 자신에게 헌신하려면 어떻게 해야 돼? 연애 말고 내가 진정으로 원하는 건 뭘까? 어떻게 하면 사랑하면서도 자아를 지킬 수 있지?'

고요한 밤, 당신은 그에게 메시지를 보내고픈 마음을 꾹 누른다. 그 대신 어른이 되고 나서 처음으로 일기를 쓴다.

'설렘'에 관하여

 마음껏 사랑하라. 당신이 맨 처음 사랑하게 된 그 부분을, 당신을 처음으로 설레게 했던 그 찰나를, 어떤 말로도 설명할 수 없는 그 순간을 사랑하라. 그것이 그 사람의 어떤 자세든, 표정이든, 눈빛이든, 몸짓이든, 한마디 말이든, 엉뚱한 행동이든…….

 그걸로 사랑의 핵심을 지탱하는 거다. 첫 느낌은 틀리는 법이 없다. 그 밖의 다른 모든 것은 인간관계의 기술일 따름이다.

 기술은 배우면 되고, 관계에는 적응하면 된다. 하지만 맨 처음 당신을 설레게 한 그 이유만큼은 배워서 깨칠 수 없는 것이다. 어느덧 환멸을 느끼거나 실망하게 됐을지도 모르지만, 사실은 그게 바로 그 사람의 가장 소중한 특징일 수 있다. 당신은 첫눈에 그걸 알아보았다. 훗날 현실의 온갖 문제에 부딪히다보니 부서지고 닳아 없어진 것뿐이다.

당신을 사랑에 빠뜨린 그 사람의 매력 속에는, 시간이 흐르며 점점 못마땅해진 많은 단점이 숨어 있었을 가능성이 크다.

하지만 당신을 설레게 했던 그 부분이 여전히 남아 있다면, 이 사람이 여전히 그 사람이라면, 그렇다면 둘이서 함께 마모된 부분에 광을 내자. 타인의 불완전함을, 함께하는 어려움을, 삶의 외로움을 이해하는 법을 배워나가자.

그렇다, 서로 사랑하는 사람들도 여전히 외롭다. 사랑이 우리 인생의 난관을 치워주진 않는다. 사랑은 그저 우리에게 그걸 보게끔, 그리고 외로이 마주하게끔 할 뿐이다. 사랑은 만병통치약이 아니다. 외로움 속에서도 변함없이 힘을 보태줄 뿐이다. '사랑'이란 상대방의 나약하고 외로운 면, 어색하고 서툰 면, 상대방이 겪는 고난까지도 소중히 품어주는 것이다. 사랑이란 내가 그 사람의 단단한 껍질 속 가장 연약한 모습을 꿰뚫어볼 수 있다는 걸 아는 것, 그렇기에 눈앞에 무심코

드러난 그 모습을 세심하게 보듬고 싶어지는 것이다. 또한 사랑은 나 자신의 단단한 껍질을 뚫어 내가 입은 상처까지 기꺼이 인정하게 만든다.

사랑은 자발적으로 달라지겠다는 마음을, 사랑을 제대로 이해하겠다는 마음을 두 사람 모두에게 심어준다. 그렇기에 어느 한쪽이 원망을 품는 일은 없다.

미안하지만 나도 사랑이란 게 뭔지 잘 모르는 것 같다. 다만 뭐가 사랑이 아닌지는 안다. 사랑은 필요가 아니다. 사랑은 의존이 아니다. 사랑은 원망이 아니고, 기댈 언덕이 아니고, 요구가 아니다. 더 이상 지속할 수 없을 만큼 모든 게 힘겨울 때면 뒤집어서 생각해봐도 된다. '내가 널 사랑하고 있나?' '너를 사랑하는 마음이 여전한가?' '내가 하는 행동이 사랑이 맞나?'
스스로에게만 할 수 있는 질문이다.
대답도 자신만이 할 수 있다.
내 안에 답이 있을 것이다.

가장 중요한 것은 바로 이런 마음이기 때문이다. 고

마워, 네 덕분에 사랑이란 걸 느끼게 됐어. 고마워, 다른 사람과 친밀하게 지내는 법을 배우게 해줘서. 고마워, 지금까지 그리고 앞으로도 나와 함께해줘서. 내가 진정 널 사랑하게 되기를, 너에게 행복을 주는 사람이 되기를 간절히 바라.

'용서'에 관하여

　당신은 오래전에 그와 헤어졌다고, 이제 다른 사람과 연애하며 행복하게 지낸다고, 그런데도 때로 악몽이 찾아온다고 말한다. 꿈속에서 당신은 홀로 그 작은 도시로 돌아가 있다. 옛길을 따라가며 무언가를 찾고 있는 듯하다. 갑자기 기숙사 문이 열린다. 계단을 한 층 한 층 올라간 당신은 3층에 이르자 손에 쥔 열쇠로 방문을 열려고 한다. 열쇠가 맞지 않는데도 방문이 열린다.

　문 너머엔 학생들의 세상이 펼쳐져 있다. 어수선한 방, 나란히 놓인 책상 두 개, 싱글 침대 두 개를 붙여서 만든 더블 침대, 여기저기 걸려 있는 소녀 감성의 원피스. 당신은 방 안을 어슬렁거린다. 여기 온 이유도 모른 채 하염없이 맴돈다. 갑자기 머릿속에 또렷이 떠오르는 생각, '그것들 방이잖아.' 창피하고 속상해서 문을 박차고 뛰쳐나온다. 계단이 끝없이 길게 느껴진다. 마침내 대문을 열어젖히자 쏟아지는 햇빛에 눈이 멀어버릴 것 같다…….

현실에서 당신은 그들이 함께하는 모습을 한 번도 본 적이 없다. 하지만 그 텅 빈 화면은 당신의 꿈속에서 불길처럼 강렬한 장면으로 탈바꿈한다. 당신은 아무도 없는 곳에서 모욕을 느낀다. 침입자가 된 기분이다.

사실 무슨 일이 일어났는지 당신은 전혀 모른다. 아는 거라곤 그가 바람을 피웠고, 바람피운 상대는 항상 그의 곁을 맴돌던 사람, 하지만 그가 '그냥 친구 사이'라고 강조하던 그 사람이라는 사실뿐이다. "언제부터야?" "어떻게 된 거야?" "왜 그랬어?" "몇 번이나 그런 거니?" 애가 탄 당신이 아무리 따지고 들어도 그는 입을 열지 않는다.

되돌아가서 답을 찾을 길은 없다. 그는 헤어질 생각도 없다. 그러면서 선택도 하지 않는다. 그래서 당신이 결정을 내렸다.

그 연애와 이별이 남의 이야기처럼 느껴질 만큼 오랜 시간이 흐른 뒤, 꿈에서 본 그가 낯설게 느껴질 만큼 긴긴 시간이 흐른 뒤, 그 꿈은 당신 자신조차 깨닫지 못했던 사실을 드러낸다. 알고 보니 밀폐된 방에서 일어났던 그 일이 당신을 줄곧 찌르고 있었던 거다.

당신은 원망하는 마음이 전혀 없는 줄 알았다. 감정적으로든 이성적으로든 스스로를 설득하고 납득시킨 줄 알았다. 이미 막다른 상황에 이르러 재결합 가능성은 없다고, 그저 더는 상처받지 않고 싶다고 생각했다. 그런데 이상하다. 이해하고 용서할 수 있다고 느낄수록, 그들에게 잘해주고 그들을 축복하려 할수록, 연인은 못 되어도 친구는 될 수 있다고 생각할수록, 마음속에서 무언가가 나날이 커지고 강해진다. '묵은 빚'이 깔끔하게 정리가 안 된다. 연락해서 안부를 물을 때마다 이성을 잃고 '서로 막말을 퍼붓고는' 두 사람 다 깊이 후회한다. 각자 제 할 말만 하다가 얽혀버린 매듭이 머릿속을 틀어막고, 오랜 시간이 흐르자 상처로 남는다.

2년쯤 지나자 결국 연락이 끊긴다. 누군가가 말한

다. "사랑하지 않는 것도 일종의 사랑이야." 이 어색한 말은, 두 사람에게 사랑을 지속할 능력이 없을 때 '상처받지 않으려는' 마지막 발버둥이다. 때로는 연락이 끊기고 소식이 끊기는 것도 어쩔 수 없는 상황에서 나타나는 사랑의 한 형태다.

당신은 모든 걸 이해한다. 그래도 화가 나고 괴롭다. 분노가 치밀고 서럽다. 출구가 없다.

당신에게 이 말을 해주고 싶다. 분노를 표현하고 분노를 응시하면 어떨까. 분노가 어디 있는지 잘 보고 그 분노를 기꺼이 표출하는 거다. 그렇게 분노를 이해하고 분노에 출구를 열어주어, 겉으로는 도도하지만 실은 너무나도 연약한 자신에게 인정할 기회를 주는 거다. "그래, 나 상처받았어."
그래, 그때 당신은 마음이 산산조각 났다.
그래, 마음속에 한 조각 선의가 남아 있다 해도 지금은 상대방의 감정에 신경 쓸 때가 아니다. 당신에게 필요한 건 '잠수 타기'다.
그래, 한참이 지나면 당신도 알게 될 것이다. 상처

받았다고 느낀 이유는 연인에게 속아서가 아니다. 자신감은 부족한데 자존심은 너무 강했기 때문이다. 당신 자신이 나약했기 때문이다. 하지만 지금은, 바로 지금은 스스로에게 그렇게 엄격하지 않아도 된다. 당신은 화낼 권리가 있다.

그동안은 이런 말을 입 밖에 낼 기회가 없었겠지만, 이제 머릿속에서 폭발하게 허락하자. 자기방어, 교양, 이성, 온유함 따위는 모두 산산이 부숴 흩어버리자. 흘려 마땅한 눈물을 흘릴 기회를 주자. 단 한 번, 15분만이라도, 터뜨려 마땅한 분노와 억울함과 슬픔과 원망을 내내 억눌러온 마음속에서 꽃처럼 활짝 피어나게 하자.

그러고 나면 서서히 시들어 떨어질 것이다.

오랜 시간이 지나면 분노를 이해하고 더 나아가 통제할 수 있을 것이다. 슬픔을 이해하고 풀어주기에 이를 것이다. 고통이 인정받을 때 우리는 그 안에서 용서의 방식을 찾아낼 수 있다.

그때가 되면 당신은 그에게 이런 말을 해주고 싶어질 것이다. "나 오래전에 널 용서했어." 끝내는 이렇게 말할 수 있을 것이다. "알고 보니 용서보다 망각이 더 빠르더라. 너도 너 자신을 용서하길!"

'함께하기'에 관하여

 '함께하기'란 천상계에서 인간계로 내려온 사랑이다. 비바람에 깎이고 무너질 위험이 있다. 그래도 진심으로 사랑하는 연인 사이가 되면 '있는 그대로의 모습으로 함께하고' 싶어지기 마련이다. 함께하기는 광기 어린 열애를 하다가 정신이 돌아온 연인이 맨 처음 마주하는 현실이다. 사랑이 싹트는 순간은 속세의 모든 것과 아무 상관이 없다. 그건 순전히 감각이고 감정이며 영혼의 교감이다. 누군가 삶에 휙 들어와 '내 세상을 뒤흔들고 뒤바꾸는' 충격이다. '지금껏 헛살았다'는 갑작스러운 깨달음이다. '왜 이제야 널 만난 걸까?' '이 세상에 우리 둘만 있으면 돼, 아무것도 필요 없어'라는 결연한 선언이다.

눈앞에서 벌어진 모든 일은 밤이라서 그런 거고 술이 깨면 사라지며 동트기 전에 흩어지는 '하룻밤 사랑'임을 잘 아는 연애 고수가 아닌 한, 연인들은 순간접착제로 찰싹 붙여놓은 듯한 무아지경에서 벗어난 뒤에도 여전히 '함께하고' 싶어한다.

함께하기의 시작은 물론 데이트다. 아니, 연애 감정이 시작되기 전의 기본 행위로 구애와 비슷한 그런 데이트는 아니다. 연인이 되고 나서의 함께하기는 헤어지기 싫어 애틋하게 달라붙어 있는 것으로 시작된다. 꽃 그림자나 가로등 불빛 아래서 붙어 있고, 침대 칸이나 객차 안에서 붙어 있다. 공공장소에서도, 사적인 공간에서도 서로 딱 달라붙어 있다. 아무리 조심스러운 사람이라도 이렇게 정신 못 차리고 '오직 그만 보이는' 시기를 잠깐은 겪기 마련이다. 만났다 하면 샴쌍둥이처럼 떨어질 수 없고, 헤어지고 나면 그가 내 몸에 있던 무언가를 떼어간 것 같다. 그를 봐야만 되찾을 수 있을 것 같다.

진정 함께하는 단계는 침대에서 매번 편안히 일어나게 될 때부터 시작된다고 보면 된다. 식당에 가면 음식 가격에 신경 쓰게 될 때부터, 얌전 빼지 않고 배불리 먹고, 먹기 싫은 채소는 상대방한테 건네며 "이것 좀 먹어줄래?" 하고 소소한 투정을 부릴 때부터, "날이면 날마다 비싼 걸 사 먹을 순 없지" 하면서 고급 레스토랑이 아니라 동네 맛집을 찾아가게 될 때부터, 상대방을 위해 손수 정성껏 식사를 준비할 때부터, 밥을 다 먹으면 누가 설거지를 할지 따지게 될 때부터 말이다.

어떤 함께하기는 심지어 사귄 뒤로 첫 번째 생일을 보내고 나서야 시작되기도 한다. "무슨 선물을 사야 돼?" "흠, 이런 걸 선물할 줄은 몰랐네." "내 생일을 까맣게 잊었잖아." "우리가 사귄 지 벌써 1년이 넘었다니."

이런 소소한 스며들기는 '계속 같이 있고 싶고' '매일매일 보고 싶은' 마음에서 비롯된다. 물론 연애하고 석 달 만에 싸우기 시작하는 연인도, 2주쯤 지나니까 '이렇게 자주 만나는 건 별로'가 되는 연인도 있다. 우리는 아직 서로에게 싫증 나지 않은, 아직 현실에 패배하지 않은 연인에게로 돌아가보자.

시작에서 더 나아가면 '함께하기'는 금세 '동거'에 대한 논의로 들어선다. 실패한 연애 경험이 많은 사람도 동거를 갈망하는 마음은 어쩔 수 없이 생겨난다. 길거리에 상대방 짐을 내다 버리거나 경찰을 불러 상대를 끌어내는 비참한 경험을 한 뒤 독하게 맹세하는 사람도 있지만 말이다. '다시는 남한테 얹혀살지 않을 거야.' '이제 우리 집 열쇠는 아무한테도 안 줘.' 또는 진심으로 이렇게 생각하는 사람도 있다. '혼자 사니까 진짜 홀가분하네.'

때로는 동거에 대한 논의가 상당히 길어지기도 한다. 한쪽이 본가에 살면서 집세를 안 내도 되는 생활을 오래 해왔다거나, 각자의 일터가 멀리 떨어져 있어서 어디서 살지 정하기 힘들다거나, 나는 교통이 편리해야 하는데 너는 공원이 가까워야 한다거나, 너는 관리가 잘되는 신축을 좋아하지만 나는 고작 옥탑방 월세나 감당하는 형편이라거나 하는 이유로 말이다.

앞으로 더 오랜 시간 함께할 준비가 되어 있다 해도, 처음에는 현실적인 문제부터 해결해야 한다. "고양이 키워?" "우리 개는 어떡해?" "어머나, 냉장고가 두 대잖아!" "10년을 함께한 싱글 침대인데 더블로 바꿔야 하나?"

온갖 토론과 협상과 타협을 거쳐 마침내 둘 다 감당할 만한 집세에 둘 다 마음에 드는 집을 찾았다고 해보자. 이제 다음 단계의 밀월기에 들어선다. 함께 카트를 밀며 이케아를 돌아다니고, 페인트칠을 새로 하고, 커튼과 침대 시트를 고르는 등 한동안 집 꾸미기에 여념 없어 영화 보러 나갈 생각조차 안 든다(물론 이사하는 데 돈을 너무 많이 써서 긴축 재정에 들어가야 할 수도 있다). 그러다 에어컨을 새걸로 사느냐 중고로 사느냐에서 생각이 어긋나 헤어지기도 하지만 말이다.

어찌 됐든 현실에서의 함께하기 이야기를 계속해보자.

사실대로 말하면, '현실을 마주하는 함께하기' 기간은 앞으로도 한참 동안 이어진다. '설거지를 누가 하느냐'보다 더 복잡한 집안일 분업 문제가 닥친다. '치약을 어떻게 짜느냐'보다 더 어려운 '누가 쓰레기를 버리느냐'의 문제, '잘 때 코를 골잖아'보다 더 심각한 '양말을 벗어 아무 데나 던져놓고' '잠옷으로 갈아입지 않고 잠자리에 드는' 문제가 닥친다(이상하다, 연애할 때 우리는 신발도 안 벗고 허둥지둥 침대로 뛰어들었는데).

오만 가지 희한한 문제가 우후죽순 생겨난다.

'함께하기'란 바로 이런 거다. 그대와 내가 말 한마디 안 해도 다 통하는 '만남'이 아니다. "그래그래그래, 너가 다 알아서 해" "네 행복이 곧 내 행복이지" 식의 일방적인 동조도 아니다. 일주일에 한 번 볼 때마다 인생을 송두리째 걸듯 열정을 쏟아붓고, 집에 가서도 그 사람 얼굴을 떠올리면 가슴이 콩닥거리는 '데이트'도 아니다.

 '함께하기'란 이상하지만 대체할 수 없는 연애 방식이다. 함께하기는 두 사람이 서로에게 자신의 삶을 활짝 열어 보이며 상대방의 세계에 녹아든다는 뜻이다. 시작은 낭만적이지만 한 단계 한 단계 나아가다보면 결코 만만한 일이 아니다. 그 과정에서 얼마나 많은 연인이 "우린 이미 사랑이 아니야"라며 씩씩거리는지, "어머, 벌써 중년 부부가 다 됐잖아"라며 한탄하는지 모른다. 심지어 좌절을 겪을 때마다 "다음번 연애는 이것보단 낫겠지"라고 생각하기도 한다. 서로에게 순조롭게 적응해 벌써 물결 하나 일지 않는 중년 부부 상태에 이르렀다면, 그건 한순간에 포기하고 정체기에 빠져버린 것보다 훨씬 더 부러운 일이다.

그런데 함께하기에서 중요한 것은 바로 서로를 바라보고, 서로를 드러내고, 그렇게 상대방을 비춰보며 나 자신도 들여다보게 되는 과정이다. 그 과정은 느리고 섬세해야 한다. 함께하기의 전제 조건은 인내심, 비결은 포용이며, 요건은 상대방을 자유로이 놔두는 것이다. 함께하기는 우리가 '육체적 사랑'보다 더 많은 접촉을 원한다는 뜻이다. 그 사람이 아침으로 뭘 먹는지, 어디서 쇼핑을 하는지 궁금하다는 뜻이다. 동시에 두 사람이 함께 겪을 일이 단순히 같이 먹고 같이 자고 욕실을 같이 쓰는 일을 넘어선다는 뜻이기도 하다. 함께하는 시간이 늘어남에 따라 상대의 안달복달, 분노, 예민함이 눈에 들어온다. TV를 보면서 유명한 패널에게 심한 욕을 퍼붓는 모습에 깜짝 놀라기도 하고, 밥도 안 먹고 몇 시간씩 컴퓨터 게임을 하는 모습에 눈이 휘둥그레지기도 한다. '짠돌이 같으니' '쇼핑 중독이잖아' 하며 못마땅해하기도 하고, 상대와 '창업 위기' '중년 위기'를 넘어 '갱년기 위기'까지 함께 겪게 될 수도 있다. 그러면서 긍정적인 감정보다 부정적인 감정을 더 많이 느낄지도 모른다.

그런데도 그 사람과 함께한다면, 그건 습관이 되어

서가 아니다. 이사가 번거로워서도 아니고, 같이 살면 더 넓은 집에서 살 수 있어서도 아니다. 겉으로는 서로 달라도 너무 다르고 맞추기도 힘들고 로맨스가 사라진 일상이지만, 그런 게 실은 사랑의 다음 단계 테스트임을 알아차린다면, 이미 '연애기의 가면극' 단계에서 상대에게 내 본모습을 내보이고 싶은 단계로 확실히 들어선 셈이다. 운이 좋다면 이 시기가 꽤 길어질 텐데, 그렇다면 두 사람은 끈적하고 절절하던 시기에는 쌓을 수 없었던 단단하고 깊은 감정을 구축하게 될 것이다. 물론 '우린 안 맞는다'는 사실을 금세 깨달을 수도 있다. 한쪽에서는 로맨틱한 데이트 같은 생활을 원할 수도 있고, 상대의 일상 속 본모습을 보자 사랑이 확 식어버릴 수도 있다.

그런 허상 같은 사랑이라면, 그 사람을 보내줘도 아쉬울 게 없다.

나는 실생활을 함께해야 사랑이 더 깊어지고 오래갈 수 있으며 서로를 풍요롭게 해준다고 굳게 믿는다. 떨어져 있다 해도, 함께 지낼 조건이 갖춰지지 않았다 해도 마찬가지다. '함께하기'란 꼭 동거를 의미하지 않는다. 동거를 하는데도 함께한다고 할 수 없는 커플이 부지기수다.

열정적인 사랑은 수명이 아주 짧다. 아침에 태어나 저녁이면 숨을 거둔다. 그런 사랑에는 활력과 에너지를 불어넣어야 하는데, '함께하기'는 가장 좋은 생명의 샘물이다(서로의 실체를 알게 되자 바로 끝나버리는 경우가 대다수라 해도). 장거리 연애를 한다면 더 많이 함께해야 한다. 산책, 쇼핑, 운동, 식사 같은 소소한 일상에 스며들고, 상대의 친구와 가족을 알고 지내며, 상대의 일과 취미, 심지어 인생관까지 이해해야 한다. 그게 바로 당신이 사랑하게 된 그 사람의 '온전한 삶'이기 때문이다. 당신 역시 그에게 자신을 알게 하며 어린 시절과 소녀 시절과 청춘 시절을 다시 한번 겪고, 그렇게 자신을 새로이 알아간다.

운이 좋다면 두 사람이 아주 오랫동안 함께할 수도 있다. 가끔 소소하게 다투고 1년에 한 번쯤은 대판 싸우며 한 해 또 한 해를 보낼 것이다. 서로가 충분히 노력한다면, 오래 함께한다고 해서 느슨해지지 않는다. 손만 뻗으면 닿게 됐어도 뜨겁게 연애하던 시기보다 서로를 더 아끼고 존중한다면, 언뜻 보기엔 낭만적이지도 사랑스럽지도 않고 정말 짜증스러운 문제들을, '혼자일 때는 아예 신경 쓸 필요가 없었던' 문제들을 헤쳐나갈 수 있다면 '함께하기'란 더 넓고 깊은 연애다. 오랜 시간 함께하다보니 자신과 상대의 결점이 자꾸 눈에 들어오지만, 이상하게도 여전히 그를 많이 사랑한다. 혹은 그의 눈을 통해 '사랑스럽지 않고' '완전하지 않은' 나 자신을 보게 되고, 그렇게 제대로 함께하면서 점점 자신감을 되찾는다. 사랑은 잠깐 피었다 지는 달맞이꽃이 아님을, 어두운 밤이나 곱게 단장한 모습에서만 피어나는 것이 아님을 믿게 된다. 병상에 누워 있을 때도, 눈물이 날 때도, 각자 신문이나 TV를 보고 SNS를 할 때도 편안하고 자유로울 뿐 마음속에 아무 두려움이 없다. 정성을 다하며 진지한 마음으로 연인과 함께할 때, 당신은 마음 깊은 곳에서 쉽게 모습을 드러내지 않던 자신과도 함께하고 있다.

함께하기란 기나긴 여정이다. 사랑하면서 끝을 보고 싶은 사람이 누가 있겠는가? 투닥거리면서도 여전히 사랑하고 있다면, 옥탑방에 살아도 서로를 행복하게 해주고 싶은 마음이 변함없다면, 그렇다면 당신은 이 길이 영원토록 끝나지 않길 바랄 것이다. 수도 없이 되풀이되는 풍경은 그것이 일상이기 때문에, 반복된 걸음이기 때문에, 진정한 경험이기 때문에 당신이 가장 사랑하는 장면으로 변한다. 때로 환상처럼 열정적으로 사랑하던 시절을 떠올린 당신은 볼록해진 아랫배를 만지며 "운동해야지" 하고 서로를 독려한다. 두 사람이 사랑을 포기하지 않고 타성에 휘둘리지 않는다면, 이 평범한 풍경 속에서 문을 여는 순간, 이미 수없이 봐온 장면이 또다시 눈앞에 펼쳐질 것이다. 그는 집 안에서 바삐 움직이고, 고양이가 당신에게 다가오고, 당신은 일하느라 지친 몸을 소파에 파묻는다. 더없이 평범한 풍경에 뭉클해져 눈물이 나려 한다.

이 세상에 당신과 함께하는 사람이 있기에, 그리고 그것은 사랑에서 비롯됐기에.

'동거'에 관하여 1

 젊은 시절에 나는 이유도 모른 채 늘 애인과 동거했다. 그건 짐을 싸들고 그대로 남의 집에 들어가는 느낌이었다. 사랑이 한창 무르익을 때는 애인이 이사할 때 나까지 딸려갔다. 그때는 삶이 흐리멍덩하고 동거는 한바탕 꿈같았는데, 아름다운 꿈이든 끔찍한 꿈이든 대개 도망치는 것으로 끝나버렸다. 타이베이에 온 뒤로 동거는 집세를 아끼는 방법이 되었다. 그때 나는 너무 가난해서 집에서 글을 써야 했는데, 낯선 사람은 무서웠기에 애인이 가장 알맞은 '룸메이트'였다. 하지만 그때의 동거는 곧 재난이었다. 머리부터 발끝까지 하나도 맞지 않아 툭하면 다투고 미친 듯이 싸워댔다. 헤어졌다 합쳤다 다시 헤어지며 나중에는 정신적으로 거의 무너졌다.

결국 혼자 살기로 결심하고 고층 건물의 원룸을 구했다.

거기서 그대로 늙어 죽을 줄 알았다.

짜오찬런早餐人◆과 다시 만난 뒤, 우리는 동거 문제를 거듭 상의했다. 사실 결혼한 사이라 해도 꼭 함께 살아야 한다고 생각하진 않았다. 돌이켜보니 우리는 둘 다 동거 경험이 여러 번 있었고, 둘 다 자신을 '혼자 살기에' 적합한 사람이라고 여겼다.

처음엔 가끔 그녀 집에 가서 지내다가 점점 더 자주 가게 됐고, 그러다 진짜로 동거하게 됐다. 이번에는 틀림없는 진짜였다. 짜오찬런이 하는 일이나 근무 시간이 달라져도, 내가 출장 가거나 장편소설을 쓰거나 책 홍보하느라 주기적으로 생활 방식이 바뀌어도, 지난 2년간 우리는 확실히 한 침대에서 같이 잤다. 싸워서 그가 거실에 나가 잔 일이 어쩌다 있을 뿐이다.

그동안은 다른 사람과 같이 자면 불편했다. 수면 장

◆ '아침을 거하게 차려주는 사람'이라는 뜻으로 천쉐가 붙인 별명이다.

애가 있어 쉽게 깨기 때문이다. 잠자는 시간도 여러 번 조정해야 했는데, 나중에는 익숙해졌는지 오히려 그녀 곁에서 더 마음 편히 자게 됐다. 밤에 악몽을 꿔도 깨어났을 때 그녀가 옆에 있으면 안심하고 다시 잠들었다.

그런데 우리에게 동거란 좋은 점만 누리려는 게 아니라 함께 사는 법을 배워가는 일이었다. 연애의 관점에서 보면 동거는 사랑의 강도를 낮출 수도 있다. 같이 살다보면 한때 짙었던 사랑이 물처럼 담백해지고, 심지어 씁쓸한 일상이 될 수도 있다. 나는 우리가 따로 살아도 괜찮다고 생각한다. 하지만 서로의 세세한 삶 속으로 들어가고 싶었기에 함께 살기로 했다.

누군가를 그토록 깊이 사랑하면 그 사람과 함께 눈 뜨고 함께 잠들고 함께 밥 먹고 싶어진다. 누군가를 그토록 많이 사랑하면 그 사람의 물건, 옷이나 신발 등을 통해 그의 생활비 내역을 알고 싶어진다. 누군가를 그토록 뜨겁게 사랑하면 그 사람과 꼭 붙어 있으려는 게 아니라 큰일이 생겼을 때 그 사람 곁을 지켜주고 싶어진다.

당신에겐 소소한 습관이 많이 있었다. '자아'를 상징하는 고집 같던 그것들이 점점 녹아 사라지자 당신은 불안하고 어색하다. 당신의 자아도 사라져버린 기분이다. 하지만 그러면서 당신의 자아는 오히려 더 성숙해진다. 타인에게 너그러워진 자아, 타인과 잘 지낼 줄 알게 된 자아, 왠지 모르게 더 완전해진 기분이다.

나는 외로움을 피하는 법이 아니라 달아나지 않는 법을 배웠고, 그러면서 나 자신을 사랑하게 됐다고 생각한다. "책임을 지기, 문제를 해결하기"라는 짜오찬런의 한마디가 나를 항상 지켜주었다. 서로에게 약속한 사랑 속에서 이 말은 우리의 생활도 보호해주었다.

마라톤식 글쓰기를 믿는 것처럼 나는 마라톤식 사랑도 믿는다. 모든 사람에게 맞진 않겠지만 우리에겐 알맞은 방식이다. 매 순간의 행복을 소중히 여기고, 매 순간의 난관도 하나하나 이겨내기. 너무나 신기하게도, 그렇게 4년을 달리자 우리는 차츰 호흡을 가다듬고 풍경을 바라볼 수 있게 됐다.

누군가를 그토록 소중히 하고 사랑하기 때문에 당신

은 그 사람과 함께하는 생활을 창조해냈다. 기나긴 길이지만 꿋꿋이 걸어가기를.

'동거'에 관하여 2

 젊은 시절의 동거에는 준비가 없었다. 물질적으로나 심리적으로나. 그저 한 가닥 사랑에 매달려 애인과 좁은 방에서 붙어 지내다 나중에는 외딴 시골 마을로 이사했다. 운전을 하지 않는 나는 다니기가 몹시 불편했고 집 안에 변변한 가구도 없었다. 더블 매트리스 하나만 덩그러니 놓여 있고 고양이와 개가 멋대로 돌아다녔지만 그때는 고생스러운 줄도 몰랐다. 그보다 더 큰 문제는 일이 너무 바쁘다는 것, 그리고 동거인이 업무 파트너라 그야말로 연중무휴 24시간 함께해야 한다는 것이었다. 혼자만의 공간이 절실했던 때다.

 하지만 정신없이 살아내던 그 시절에 나는 뭐가 문제인지 제대로 몰랐다. 그저 상대를 바꾸면 좋아질 거라고만 생각했다.

서른 살이 넘어서 했던 동거는 심리적 준비는 돼 있었지만 물질적으로는 아직 아니었다. 거의 동거에 들어가자마자 후회했던 것 같다. 그때의 여자친구와는 나이 차도 많이 나고 배경도 달라서 생활 습관이 전혀 맞지 않았다. 나는 그녀가 의존적이라 느꼈던 반면 그녀는 내가 제멋대로라고 생각했다. 우리는 끝도 없이 다퉜고 매 순간 불안에 짓눌려 있었다. 그때 나는 출장을 자주 갔는데, 집을 떠나 있을 때마다 끊임없이 전화벨이 울렸다. 달래보다가 타일러보다가 속이기도 하다가…… 끝내는 나도 화가 났다. 집은 피하고 싶은 곳이 되었고, 때로는 한밤중에 짐을 챙겨 도망치고 싶었다.

나만의 작은 원룸이 생기자 이제 짐을 싸서 달아날 필요가 없겠지 싶었다. 고독을 좋아하면서도 적막은 두려워했던 나는 사랑이 끝나면 곧바로 다른 사랑에 뛰어들었다. 그러면 과거에 저지른 잘못을 피할 수 있을 줄 알았다. 그런데 그건 피했다 해도 새로운 잘못은 피할 수 없었다. 사랑의 길에는 구덩이가 가득했으니…….

장거리 연애를 하면서 나는 진정으로 혼자 있는 법

을 배웠다. 그런데 너무 제대로 배웠는지 점점 그녀와의 연결마저 느끼지 못하게 됐다. 처음의 그윽하고 애틋한 마음은 몇 달 만에 사라졌다. 사랑은 남아 있었지만 확실한 형태로 자리 잡지 못했다. 내 기억에 그때 우리는 생활 습관이 완전히 달랐는데, 나중에는 같이 밥 먹는 일조차 계속 타협점을 찾아야만 했다. 그즈음 채식을 하게 됐고, 나한테 긴밀한 관계란 필요 없다고 느끼기 시작했던 것 같다. 여름휴가를 보낼 때마다 어렵게 시작한 동거에 내 손발이 꽁꽁 묶여버린 기분이었다.

그녀가 다른 사람에게 가버린 것은 내 탓이 크다.

나중에 짜오찬런과 동거할 때는 사전 준비를 철저히 했다. 한때는 우리가 동거할 일은 절대 없을 거라 생각했다. 피눈물을 흘린 교훈이 너무 많이 쌓여 있었고, 생활 여건이 딱히 나아진 것도 아니었다. 동거가 또 다른 악몽의 시작이 될까봐 몹시 두려웠다.

그래도 나는 계속 집을 찾아보았다. 같이 살기 좋고 상대에게 공간을 내줄 수 있는 거처를 끊임없이 찾아 헤맸다.

우리의 동거는 분명 패기와 투지 덕분이었다.

이삿짐을 싸고, 친구들이 많이 도와주고, 다른 사람들처럼 많은 일을 해나갔다. 짜오찬런이 가장 바쁠 때 이렇게 두 집이 하나로 합쳐지는 큰일이 이루어졌다. 진짜로, 솔직히, 동거는 소꿉놀이가 아니다. 하나도 재밌지 않다. 둘이 이케아에서 쇼핑하며 집을 예쁘게 꾸미는 로맨틱 코미디 장면과는 거리가 멀다. 내가 느끼기에 동거는 장기 이식과 같다. 먼저 적합한 상대를 찾아야 하고, 그다음엔 거부 반응을 없애야 한다.

이렇게 두 사람 사이에 놓여 있던 원거리 문제가 극복됐다. 싱글 침대는 더블 침대로, 작은 원룸은 널찍한 아파트로 바뀌었다. 서로 다른 생활 습관도 조절해나갔다. 수면 시간은 2년간 조정한 끝에 드디어 가깝게 맞춰졌고, 함께 아침을 먹는 생활은 여러모로 유익했다. 다행히 우리는 입맛이 비슷했다. 나이 때문일까, 채식은 하지 않게 됐지만 그래도 나는 여전히 담백한 음식을 좋아했다.

동거의 장점과 단점을 늘어놓으려면 글 네 편은 더

써야 할 거다. 누군가는 이렇게 묻는다. 동거하면 서로 감정이 옅어지지 않나? 어떻게 불꽃을 일으키지? 내 생각엔, 날마다 함께하다보면 뜨거운 격정이 깊고 은근한 정으로 변하는 것 같다. 너무 익숙하고 무심하고 심지어 서로가 부담스러워졌다고? 그러면 마주 앉아 이야기를 나눠볼 때가 온 거다. 동거는 만병통치약도 아니고 사랑의 암살자도 아니다. '무시'하고 '도피'하는 것이야말로 사랑의 철천지원수다. 문제를 직시하고 해결하려 하지 않는 사람은 함께하는 어려움을 어른의 방식으로 풀어가려는 게 아니라 단순히 상대를 바꿈으로써 자극을 일으키려 한다. 그런 사람에게 동거란 사랑을 파멸로 이끄는 가속기나 다름없다.

삶에는 기복이 있기 마련이다. 내가 바빴다가 그녀가 바빴다가, 때로는 그녀가 지치고 다음엔 내가 지친다. 그래도 나는 조심스럽고 진지한 마음을 지키며 그녀에게 잘해야 한다는 걸 항상 명심하고 있다. 지난 10년 동안 우리가 얼마나 힘들게 여기까지 왔는지, 그녀가 나를 위해 얼마나 헌신하고 기다렸는지 잊지 않는다. 그래서 사소한 일을 일일이 따지지 않고, 돈 문제든 집안일이든 서로의 일이든 늘 함께 나눈다. 힘겨운 삶을 헤치며 여기까지 왔기에 우리는 이제 헤어지고 싶지 않다. 관계를 망치는 결정을 피하고자 최선을 다하려 한다. 그건 스스로 선택할 수 있는 일이라고 생각한다. 내 방식대로의 삶을 선택하느냐, 관계를 더 좋게 만드는 삶을 선택하느냐. 젊은 나는 포기를 택했지만 지금의 나는 지속하기를 택했다.

가끔 그녀가 아직 돌아오지 않은 밤이면 혼자서 책을 읽는다. 혼자 살 때처럼 라디오를 틀어놓고 있으면 혼자 사는 듯한 착각이 든다. 동거란 책임이다. 두 사람이 함께 한 가정을 책임지는 것이다. 이제는 하고 싶다고 다 할 수 없고, 이유 없이 사라져서도 안 되며, 작별 인사 없이 떠나서도 안 된다. 귀가가 늦어지면 전화해주고, 집을 떠나도 잊지 말고 상대에게 마음을 써줘야 한다. 문제가 생기면 소통하고 또 소통해야 한다.

둘이서 진먼에 갔을 때다. 내가 강연하러 간 사이에 짜오찬런은 혼자 자전거를 타고 이리저리 쏘다녔다. 그때 그녀는 분명 기분 좋은 해방감을 느꼈을 것이다. 이따금 내가 멀리까지 책 홍보하러 가느라고 차 안에서 혼자 긴 시간을 보낼 때처럼 말이다. 혼자만의 자유

시간은 매우 소중하다. 또 한편으로는 우리가 왜 함께 살아야 하는지, 왜 한 가정을 세우고 이렇게 많은 노력을 들여 유지해야 하는지 더 잘 이해하게 해준다. 그것은 우리가 결혼할 때 했던 서약과 같다. 이 모든 게 내가 진심으로 원해서 하는 일이다. 그녀가 어떤 상황에 놓이든 나는 기꺼이, 온 힘을 다해서 그녀를 지키고 보살필 것이다. 사랑은 일종의 짐이기도 하다. 그 짐을 짊어질 수 있어야만 사랑을 이룰 수 있다.

서로서로 진심과 정성을 다하는 집은 쉽사리 무너지지 않는다. 살이 맞닿는 횟수는 줄어들더라도 더없이 친밀하고, 날마다 얼굴을 보면서도 여전히 서로가 그립다. 어떻게 하면 충분히 친밀하면서 충분히 자유로울지, 두 사람 다 지금도 배우는 중이다. 세월에 따른 인생의 변화를 여전히 극복해나가는 중이다. 동거는 사랑의 암살자라고 흔히들 말하지만, 그래도 당신은 기꺼이 모든 것을 걸고 최선을 다한다. 당신이 노력할 때 당신의 연인 또한 노력하고 있다는 걸 알기 때문에.

'안정'에 관하여

젊은 시절엔 미래의 내가 어떤 모습일지 아예 상상도 못 했다. 그저 살아내는 데 급급했다. 조용히, 진지하게, 신중하게 결정할 틈이라곤 조금도 없었던 것 같다.

그때 내 마음속엔 거대한 구멍이 있었다. 나는 나 자신을 잊게 해주는 연애를, 내 구멍까지 잊게 해주는 연애를 갈망하고 또 갈망했다. 자신감이 너무 없던 그때의 나는 '사랑받는' 것을 통해 자신감을 얻겠다는 망상에 빠져 있었다. 그런데 아이러니하게도 사랑을 받으면 일단 숨이 막혔고, 그러면 질식 상태에서 벗어나고자 배신하고 달아났다. 그런 내 행동 때문에 나를 사랑하는 사람은 광기와 고통과 분노에 사로잡혔다. 그 모습을 보면서 나는 자신감을 얻기는커녕 나 자신이 더욱더 혐오스러워졌다. 내가 그렇게까지 나쁜 사람 같지는 않은데, 왜 내가 하는 행동은 하나같이 상처만 남기는 걸까. 이상하게도, 나에게 상처가 있어서인지 내게 끌리는 사람 모두 상처를 지닌 이들이었고, 우리 사랑은 서로를 치유할 수 없었다. 너무 순진하고 순수했던 우리는 연애 초기에는 '할 수 있다'고 생각했다. 하지만 내 기억에 매번 시작은 사랑, 결말은 도망이었다.

그때 나는 사랑이라는 관계를 작동시키려면 사랑의 감정 말고도 일련의 시험이 필요하다는 걸, 반드시 관문 하나하나를 차근차근 통과해야 한다는 걸 이해할 능력이 없었다. 도중에 수많은 장애가 있으며, 심지어 함께 갈 수 없다는 걸 알게 돼도 협의라는 방식을 통해 되도록 상처를 줄이고 평화롭게 관계를 끝낼 수 있다는 사실을 알지 못했다. 그때는 누군가를 만나 홀린 듯이 빠져들고, 아무 이유 없이 뜨겁게 사랑하며, 심지어 미친 듯이 집착하는 불꽃 같은 감정이어야만 사랑이라고 생각했다. 그때 나는 제대로 사랑할 줄 몰랐다. 그저 누군가가 나에게 깊이 빠져드는 모습을 보면서 '나도 소중한 존재가 될 수 있겠다'고, 나 자신이 누군가에게 깊이 빠져드는 모습을 통해 '나에게도 사랑할 능력이 있는지도 모른다'고 느꼈던 것 같다.

연애할 때는 내가 아름답고 매력 넘치는 사람이 된 것 같았다. 이 세상에 나한테 이렇게 잘해주는 사람이 있다는 건 내가 가치 있다는 뜻이지 않겠는가. 심지어 자기만족에 빠져 오만하게 굴기까지 했다. 그러면 없던 자신감이 생기기라도 하는 듯, 내가 아예 이해하지 못하고 심지어 믿지도 못하는 사랑에서 우위를 점할 수 있다는 듯 말이다. 나뿐만 아니라 상대방의 사랑도 '너 없이는 못 살아' 식으로 나아갔고, 압박감을 못 이긴 나는 결국 도망치곤 했다.

모든 게 늦은 듯해 언제나 허둥지둥이었다. 줄곧 뭔가 다른 삶을 기대하고 추구했다. 하지만 내 앞에 나타나는 것은 똑같은 실수의 반복이었다.

당신은 그가 당신을 세 번이나 배신했다고 말한다. 매번 용서해줬지만 막다른 길에 이르렀고, 결국 그는 당신을 떠났다고.

당신에게 이 말을 꼭 해주고 싶다. 괜찮다고, 그 사람을 내려놓고 자기 삶을 되찾으면 된다고. 지금은 너무나 괴로울 거다. 이 세상에 존재할 이유가 완전히 사라진 것 같아 마음이 갈가리 찢어질 거다. 내가 나쁜 거라고, 사랑받을 자격도 없다고 생각하며 좌절하고 있을 거다. 남은 생을 어떻게 살아갈지 상상조차 할 수 없을 거다. 그가 없는 삶은 살고 싶지 않을 거다.

내 생각에, 당신의 '그 사람'은 오직 '배신'이라는 방법으로만 삶의 문제를 해결하려 했던 과거의 나를 닮았다. 어쩌면 그는 안정적인 관계에 들어서기 전에 대대적인 탐색이 필요한 사람일 것이다. 자책, 죄책감, 후회, 즐거움, 만족감, 막막함, 상실감을 두루 거쳐야 하는 사람, 사랑을 하면서도 실은 의미 있는 시련을 몇 번이고 겪어야 하는 사람. 당신도 마찬가지다. 남겨진 당신은 버려진 기분이 들겠지. 하지만 그건 아마도 당신을 안전하고 익숙한 환경에서 억지로 끌어내고 황야에 던져넣어 살아남는 법을 새로 배우게 하는 기회, 고독 속에서 자신을 알아가게 하는 기회일 것이다.

차분하게 선택한 다음 그 선택을 포기하지 않고 지키는 '안정기'에 들어서려면, 스스로를 빚어가고 탐색하고 키워나가는 이 과정을 거쳐야 한다. 당신이 배신한 쪽이든 버려진 쪽이든, 사랑은 이토록 격렬한 방식으로 우리를 똑똑히 일깨워준다. 사랑에 의지할 수는 없다고, 자신감을 찾고 제대로 사랑하는 법을 배워 진정으로 독립해야 한다고. '고독과 적막'에 현혹되지 않을 때 당신은 더 이상 애인의 품으로 달아나지 않을 것이다. 무엇을 얻고 무엇을 잃을까 전전긍긍하지 않을 것이다. 그때 비로소 완전히 다른 두 사람의 차이를 극복하는 사랑에 대해, '오랫동안 이어지는 관계'에 대해 제대로 이야기할 기회가 생길 것이다.

내가 어떻게 안정을 찾았는지는 나도 잘 모르겠다. 어쨌든 달아나선 안 된다는 걸 결국 깨달았다. 차분한 마음으로 모든 어려움을 마주해야 한다는 걸, 나 자신을 직면해야 한다는 걸 말이다. 내가 아무리 못나고 한심해도, 어떤 말 못 할 과거가 있다 해도 나 자신을 있는 그대로 마주하고 용감하게 책임져야 한다. 그러고 사랑 밖으로 눈을 돌려 내 삶을 충실히 살고 세상의 광활함을 보는 거다. 이 힘겨운 공부를 하면서 조금씩 자신감을 얻고 안정을 되찾으면서 내가 원하는 삶을 꿋꿋이 이어가게 된 것 같다.

'담담함'에 관하여

당신은 묻는다. 연인과 오래 사귀다보니 감정이 옅어졌다. 사랑하지 않는 건 아닌데 가족 같은 느낌이다. 이럴 때는 어떻게 해야 할까?

연애 초반은 언제나 강렬하고 자극적이다. 그렇지 않다면 아무 상관 없던 두 사람이 어떻게 그렇게 딱 달라붙을 수 있겠나. 그런데 시간이 흐를수록 관계에는 많은 변화가 생겨난다. 특히 동거하면 친구나 가족, 룸메이트처럼 변한다는 이야기를 많이 들었다. 진짜 그렇게 된다면 그냥 자연스럽게 가면 되지 않을까. 서로를 더 깊이 알아갈 때 사랑이 그에 따라가지 않는다면, 함께하면서 더 끈끈하고 깊어지지 않는다면, 아마 그 사랑에는 허상이 많았을 것이다.

맨 처음 사랑하게 된 것은, 세상이 무너지는 듯한 그 순간 내 눈에 비친 환영이었을지도 모른다. 두 사람이 사귀고 함께하는 단계에 들어서면, 그 환영을 꽉 틀어쥔 채 실제 모습과 비교하려 해선 안 된다. 서로의 본모습을 마주하고, 함께하는 하루하루를 통해 남을 이해하며 상대에게 잘해주는 법을 배우고, 그러면서 나를 이해하고 나에게도 잘해야 한다. 아마 연인의 모습이 상상했던 것과는 너무 달라서 깜짝 놀랄 거다! 이 차이를 보며 '환상이 완전히 무너지는' 사람도 있을 것이다. 하지만 이런 차이 덕분에 우리는 진정으로 사랑하는 법을 배우고 서로를 풍요롭게 해줄 방법을 찾으려 할 것이다.

상상 속 인물하고만 사귀는 '이상 속에서' 살아간다면, 진짜로 사랑할 기회는 없을 것이다. 그건 놓일 자리가 정해진 바둑알처럼 예정된 수순대로 움직이는 거나 다름없다. 하지만 사랑에서 그런 일은 있을 수 없다. 사랑은 한 걸음 한 걸음이 힘겹다. 강적을 마주한 것처럼 긴장된다.

사랑은 광야를 가로지르거나 밀림을 헤쳐나가는 것과 같다. 모든 길은 두 사람이 함께 개척해나간다. 기쁨도 슬픔도 함께 나누고, 성장하는 길을 함께 모색하며, '관계'의 갖가지 난제를 함께 마주한다. 시간이 쌓일수록 이런 감정에는 더 많은 가능성이 생겨난다.

사랑이 더 깊어질 수도 있다. 더 자유롭게 사랑할 수도 있다. 또 사랑이 옅어져 점점 흩어질 수도 있다.

물론 많은 사람은 감정이 옅어졌다고 느낀다. 그건 예전과 비교해서일 수도 있고 남들과 비교해서일 수도 있다. 사랑이 우정처럼 변했을 수도 있고, 어쩌면 다른 우정이 사랑처럼 변하기 시작했는지도 모른다. 이건 의심병이 아니다. 내가 보기엔 관계에서 비롯된 어려움을 진지하게 마주하는 대신 다른 관계를 찾아 나서는 사람이 꽤 많다. 그들은 사랑에서 맞닥뜨리는 문제를 숙명으로 받아들이며 '상대를 바꿔야' 달라질 거라고 생각한다.

관계란 지속적으로 성장하지 않으면 정체에 빠지거나 경직되고 심지어 위축될 수도 있다. 이는 어느 한 사람의 문제가 아니다. 함께하는 과정에서 두 사람 모두 인지해야 한다. 관계가 점점 흔들리는 것은 대개 누군가의 삶에 변화가 생겼거나 정체기가 왔거나 혹은 큰일이 닥쳤기 때문이다. 하지만 배우자나 연인이 그걸 알아채지 못한다면 한 사람의 발걸음은 점점 뒤처지고 만다.

그저 자극을 찾고 상대에게 의존하고 환상을 충족하려는 게 아니라 사랑을 위한 관계라면, 견습생처럼 서툴러도 조금씩 배워가려 할 것이다. '안정기에 들어서더라도 안일해지지 않을' 것이다. 그런데 많은 사람이 관계 속에 들어서면 갑자기 인생 공부를 멈추고 사랑을 위한 노력도 멈춰버린다. 서로가 품은 호감에 기대어 감정을 유지하려 하고, 상대를 위한 일 같지만 실제로는 관계에 전혀 도움이 되지 않는 일을 반복하면서 사랑이 알아서 살아나고 알아서 죽게 방치한다. 이는 대단히 위험한 일이다.

정말로 감정이 옅어졌나? 진짜로 가족처럼 느껴지나? 이런 건 그냥 우리를 혼란스럽게 만드는 착각일 수도 있다. 우리가 직시해야 할 것은, 두 사람의 관계에 문제가 생겼다는 사실이다. '느낌이 이상해졌어'는 표현 방식에 불과하다. 두 사람이 여전히 서로를 사랑하고 있다면, 말로만 하는 사랑이 아닌 진심이라면, 그렇다면 그 사랑을 따라 계속 노력하자. 나쁜 습관은 뿌리뽑으려 노력하고, 반짝이는 사랑을 가려버린 먼지는 싹 닦아내자. 완전하고 솔직하게 자신을 열어젖히자. 결론부터 내리지 말고, 회피하지 말고 직시하면서 정체된 관계에서 한 걸음 나아가자.

한 사람이 내 삶에 들어오고, 하루하루 함께하고, 서로의 모든 일에 연결되는 그런 관계의 적응 과정을 순조로이 거치는 것은 뜨겁게 연애하는 것보다 더 좋은 경험이 되리라고 굳게 믿는다. 그럴 때 비로소 나는 세상과 어우러질 수 있다. 더 이상 겁 많고 낯을 가리며 갈팡질팡 헤매는 바보가 아니다. 사랑하며 겪는 고난이 작고 보잘것없는 나를 받아들이는 법을, 나 자신을 소중히 여기는 법을 배우게 해주었기 때문이다. 타인과 깊은 교류를 하며 나 자신도 내 삶 속으로 깊숙이 들어섰기 때문이다.

그렇게 사랑은 진정한 친구이자 인생의 동반자이며 당신의 일부가 된다. 당신을 더 온전하게, 그러면서 더욱 독립적으로 만들어주는 더없이 중요한 존재가 된다.

'불안'에 관하여

 당신은 말한다. 젊어서 연애할 때 당신은 조금도 불안하지 않았다고, 당신 자신이 상대를 불안하게 만들었다고.
 20대의 당신은 야생마 같아서 스스로를 제어할 수 없었다. 드넓은 세상이 당신이 탐험하기를 기다리고 있었다. 울창한 숲속 나무처럼 한 그루 한 그루가 제 이름을 남기겠다며 멋대로 난폭하게 굴었다.
 그때의 당신은, 연애를 한다기보다 좋아하는 사람을 만나면 그저 사랑하고 싶었다. 과거를 생각하고 싶지도 않고 미래를 물으려 하지도 않았다. 당신이 사랑한다고 하면 사랑이었고, 사랑하지 않는다고 하면 사랑이 아니었다. 사랑할 때는 상대방이 천사처럼 보였고, 사랑하지 않을 때는 연인이라는 존재 자체가 속박이었다. 당신은 이리저리 날뛰며 제멋대로 굴었다. 때로는 지쳐 쓰러질 때까지 놀고서야 돌아올 마음이 들어도 연인은 수호신처럼 매번 당신을 품어주었다. 그 시절에 당신은 자신의 혼란 때문에 괴로웠고, 괴로워지면 모든 걸 싹둑 잘라내고 다시 시작했다. 그게 자신에게 새로운 기회를 주는 거라 생각했다. 까놓고 말하면 '사람을 바꿔 새로 시작한다'는 낡은 수법이었다. 끊임없이 연애하면서도 자신이 무엇을 좇는 건지 알지 못했고, 손에 넣고 나서야 이게 아니라는 걸 알아차렸다. 사람들이 당신에게 무엇을 원하냐고 물어도 대답하지 못했다. "난 이러이러한 걸 원하지 않아"라고만 말할 수 있었다.

"제자리에 가만히 있는 게 싫어. 속박이 싫어. 구속받기 싫어."

처음으로 불안해진 것은 당신보다 더 '제멋대로인 사람'을 만났을 때다. 그때 당신은 서른을 앞두고 있었고, 상대방은 나이가 더 많아서 믿음직스러워 보였다. 두 사람 다 '그래, 이제 안정을 찾을 때지'라고 생각했지만 뜻대로 되지 않았다. 당신은 안정이라는 게 얼마나 무서운 것인지 전혀 몰랐다. 상대에게 의존하게 되고, 나약해지고, 자신을 완전히 잃었다. 동화 속에서 살면서 당신은 인생이 참으로 순탄하다고, 하늘이 무너져도 막아주는 거인이 있다고 생각했다.

눈빛만 봐도 마음이 통하고 사랑이 넘치는 사이라고 생각했다. 침대에서만 그렇다는 건 나중에야 알았다.

"미안한데, 난 아직 준비가 안 됐어." 자유를 사랑하는 사람이 이렇게 말하자 체면을 중시하는 사람은 무너지고 만다.

그 사람은 그 뒤로도 질질 끌기만 한다. 당신은 두려움 속에서 하루하루를 보낸다. 그 사람이 영원히 준비가 안 되어 있을까봐 걱정스럽다. 더 두려운 건 자신이 추태를 부리는 것, '질척거린다'는 꼬리표가 붙는 것이다. 그 시절 불안 속에서 지내던 당신은 날마다 '딴생각'을 하는 연습을 했다. 딴생각이라, 먹으면 그 사람처럼 되는 약이 있을까. 생각나면 사랑하다가 아무렇지도 않게 떠나게 해주는 약이 있을까.

결국 당신은 또 다른 사람을 부목 삼아 꼭 붙잡고 안전한 곳으로 떠내려간다.

그러고 나면 어떤 일이 벌어질까. 당연히 비참하고 비참하고 비참하다. 부목으로 여기며 시작한 사랑은 '불안'이라는 두 글자로는 설명할 수 없다.

이 사람을 떠나 저 사람과 새로 시작한다. 그렇게 당신은 또다시 불안한 과정을 내딛는다.

불안이란 대체 뭘까? 가상의 적? 전 여친? 새 애인? 옛 애인? 낯선 사람? 상대의 연애 기록이 깔끔하지 않아서 불안을 느끼나? 아니면 내 과거가 너무 많아서? 상대의 인격이 의심스러워서? 아니면 사랑의 본질에 당혹감을 느껴서?

불안, 그것은 상대가 내 몫을 훔쳐 먹을까 의심하는 건가? 아니면 그 사람이 거짓말을 한다는 의심인가? 내가 결국 다른 사랑으로 갈아탈까봐 걱정되나? 아니면 사랑이 점점 시들어갈까봐? 사랑이라는 길에는 마른하늘에 날벼락 맞을 일이 어찌 이리도 많은지.

어쩌면 그 불안은 이름 없는 무언가에서 생겨날 수도 있다. 너는 왜 나를 사랑해? 날 이렇게 사랑한다면, 갑자기 딴 사람을 사랑하지 않으리라는 법도 없잖아? 지금은 날 사랑하지만 내가 늙고 병들어도 그럴까? 네가 늙고 병들어도 나는 너를 사랑할까?

　불안, 그것은 상대가 나와 다른 마음일까봐, 서로 안 맞을까봐 의심하는 걸까? 예전에 그가 양다리를 걸친 전력 때문에 의심스러운가? 아니면 내가 양다리를 걸쳐봐서 모든 사람이 의심스럽나?
　불안, 그것은 운명에 대한 불안이고 미래에 대한 불안이다. 또는 자신의 존재, 나라는 사람, 내 온갖 과거에 대한 불안이다. '난 더 이상 행복할 수 없을 거야'라는 느낌이다.

　불안이라는 감정에 대해, 당신은 줄곧 '선수 치는 게 강한 거라고' '우물쭈물하면 손해를 본다고' 생각해왔다. 이제 불안이라는 드라마는 선택 가능한 것에서 불가능한 것이 되고 말았다. 불안은 사람을 죽일 수 있는 무형의 독으로, 상처받은 사람들의 마음속 은밀한 곳에 깊이 뿌리박혀 있다. 너무나 깊숙이 숨어 있어서 스스로도 알아차리지 못한다.
　악몽은 끝났지만, 당신의 마음은 아직 낫지 않았다.

불안은 가장 변덕스러운 적이다. 심지어 친구의 모습으로 둔갑해 당신이 약해졌을 때 귀에 대고 속삭이기도 한다. 비참했던 과거를 잊어선 안 돼, 지금 행복하다고 기뻐하지 마.

불안은 또한 가장 정직한 거울이다. 불안할 때는 다른 사람은 어떻게 했는지 물어보지 않는다. 지난 일에서 어떤 상처를 받았는지 돌이켜보지도 않는다. 불안 속에서 허둥대다 무너지는 내 모습을 목격할 뿐이다.

입김을 불어 거울을 깨끗이 닦고 싶지만 가까이 가서 들여다볼 엄두조차 나지 않는다.

당신에게 해주고 싶은 얘기가 있다. 마흔두 살까지 살면서 나도 불안을 다루는 법을 배우지 못했다. 내가 배운 것은 이것뿐이다. 아무리 불안하고 상처받을 가능성이 있더라도 절대 '선수 쳐서 강해지는' 사람이 되지는 말자. '신경 쓰지 않으면 다칠 일도 없다'는 무지한 상태로는 다시는 돌아가지 말자. 그건 겁쟁이가 하는 행동이다.

나는 불안이라는 짐보따리를 짊어지려 한다. 여행자가 자기 짐을 메고 가듯 나도 하루하루 배워가련다.

가끔 보따리를 헤치고 들여다보며 내 어리석음을 비웃거나 내 상상력을 탓하고 싶어진다. 때로는 주변 사람들이 화가 나서 나한테 욕을 퍼붓고 싶어하기도 한다.

그래도 나는 나 자신을 솔직히 마주한다. 거듭 상처를 받으면 상처가 아무는 데 아주 오랜 시간이 걸린다. 더군다나 남에게 상처 주면 나도 상처를 입고, 해결되지 않고 남은 근원은 더더욱 깊이 뿌리 내린다.

'불안'은 상처가 남긴 표시다. 시간과 자신감만 있으면 충분히 가라앉힐 수 있다. 당신이 불안을 직시하려 하면 불안은 소란을 일으킨 근원을 잃어버린다. 피하지 않고 숨지 않고 미화하거나 감추지 않고 일부러 부풀리지 않을 때, 당신은 오랜 벗인 양 참을성 있게 '불안'을 마주하게 된다. 그렇게 하루하루 불안한 소녀에서 서서히 불안한 중년이 되고, 그러고 나면 자신감 있는 '인간'으로 성장할 가능성이 매우 높다. 그때 불안은 이미 당신을 떠났지만 당신은 그 사실을 알아차리지도 못할 것이다.

'전 연인'에 관하여

 당신은 젊은 시절 불꽃 같고 폭풍 같은 사랑을 했다고 말한다. 사랑하고 싶으면 바로 대시했고, 어떤 대가를 치르더라도 개의치 않았으며, 남의 기분에는 더더욱 아랑곳없었다. 당신은 한밤중에 집을 뛰쳐나와 막 연애를 시작한 상대와 야간 고속버스를 타고 그 사람의 산속 작은 집으로 향했다. 그곳에서 불꽃 튀는 사랑이 꽃을 피우고 열매를 맺을 줄 알았다. 그런데 안으로 들어서자 그의 전 여친이(헤어진 지 얼마나 됐지? 헤어진 게 맞기나 해?) 함께 살고 있는 거다. 그가 말한다. "이젠 그런 사이 아냐. 가족이나 다름없어."

 그에게 온 이튿날, 아직 눈도 안 뜬 당신에게 그가 전 여친의 가족과 함께 나들이를 가겠다며 이렇게 말한다. "저녁에 올 거야." 그리고 당신의 이마에 입을 맞춘다. 자존심 강한 당신은 끝내 이 말을 삼킨다. '가지 마. 난 여길 잘 모르잖아. 나랑 같이 있어야지!' 당신은 눈을 감고 생각한다. '가라, 가. 나도 떠날 거야. 전 여친은 무슨, 말로만 헤어졌지 아직도 미련이 있네!'

 그날로 당신은 짐을 챙겨 나와버렸다.

 나중 일은 당신의 예상을 벗어나지 않는다. 전 여친과의 얽히고설킨 관계가 어떻게 간단히 풀리겠나. 몇 년을 사랑한 그들은 서로의 가족도 잘 알고 은행 잔고조차 정리가 안 된 상태다. 게다가 서로를 좋은 '룸메이트'라고, 함께 살면 좋은 점이 많다고 생각한다. 연인관계는 해제됐지만 더 끈끈한 가족애가 생겨나 있다. 막 도착한 당신은 단단히 세워진 그 '집'에 녹아들지 못한다. 이별은 정해진 수순이다.

 당신은 당신 역시 무고하지 않다는 걸 안다. 당신도 예전에 누군가의 나쁜 전 여친 역할을 한 적이 있다. 젊은 시절에 당신이 얼마나 사고를 치고 다녔던가. 피해자들끼리 자조 모임을 조직할 수 있을 정도다. 그때 당신은 작은 사랑에서 큰 사랑으로 나아간다고 여기며 헤어진 전 애인을 모두 친구로 삼았다. 그게 깨이고 트인 거라고 생각했다. 그런 관계가 전 애인의 현 여친을 얼마나 힘들게 하는지는 생각도 못 했다. 그녀가 괴로워하는데도 당신과 전 애인은 그녀가 대범하지 않다고만 생각했다. "우린 끝난 사이야. 질투를 왜 하는데?" 당신은 입장 바꿔 생각하는 걸 잊었다. 당신과 전 애인은 알고 지낸 세월이 10여 년에 연애도 몇 년이나 했다. 그런 게 쌓이고 쌓이면 '현 여친'을 위협할 정도까진 아니라 해도 충분히 불안하고 초조하게 만든다는 사실을 잊고 말았다.

당신에게 해주고 싶은 말은 바로 이거다. "사랑하지 않는 것도 일종의 사랑이다." 당신이 전 여친이든 현 여친이든 모두 도움이 되는 말이다.

전 여친이라면, 과거의 앙금을 완전히 가라앉히고 과거의 사랑도 제로가 되어야만 그들과 좋은 친구가 될 자격이 생긴다. 말할 때는 특별히 조심해야 한다. "전에 우린 이랬잖아"라는 말로 시작하지 않는다. 현 여친과 경쟁하려 하지 않는다. 상대방을 나쁘게 말하지 않는다. 이래라저래라 참견하지 않는다. 가슴에 손을 얹고 물어보자. 두 사람을 진심으로 축복하나? 그의 새로운 여자친구가 굴욕을 맛보고 충격받는 모습을 보며 우쭐하고 만족스럽진 않은가? 그가 새 여친에게 다정한 모습을 보며 '원래 내 거였는데' 하, 전에 나한테는 훨씬 더 잘해줬지' 또는 '나한텐 저렇게 따뜻하지 않았으면서'라는 생각이 들진 않나? 마음속으로 이런 독백을 하고 있다면 그건 당신에게 아직 사심이 남아 있다는 증거다. 당신은 좋은 친구가 아니라 '이별 매너'가 깔끔하지 않은 전 연인일 뿐이다. 최악은, 스스로 연인 역할을 포기해놓고 연인의 대우는 계속 '누리려는' 심보다. 겉으로만 좋은 친구를 자처할 뿐 당신은 그에게 '귀신처럼 계속 달라붙어' 있다.

현 여친이라면? 전 여친 같은 사람을 더 너그럽게 포용해주자. 가장 큰 이유는 '사랑은 자유'이기 때문이다. 당신의 연인은 당연히 친구를 사귈 자유가 있다. '연인이 가족이나 친구가 되고' 심지어 함께 살거나 함께 일하는 것은 정말 이해가 안 되지만, 사랑이란 그런 거다. 아무리 이해하기 힘들어도 존중할 수밖에 없다. 다만 사랑은 자유라 해도 당신 역시 감정을 표현할 자유가 있다. 전 여친에게서 불편함, 위협감, 불쾌감을 느끼고 '달라붙어 있다'는 느낌까지 든다면 '분명하고 확고하지만 부드럽게' 표현하자. 펄펄 뛰면서 화부터 내거나 무턱대고 의심하지 말고, '두 달과 10년'의 차이를 생각하자. 감정은 내려놓고 사실만 추려내 얘기하자. 부드럽지만 단호하게, 이야기는 하되 성질은 부리지 않는 거다.

중간에 있는 사람으로서 가장 해서는 안 될 행동은 당연히 이 산에 앉아 저 산을 바라보는 것이다. 새 여친을 안고 옛 여친을 생각하며 둘 다 갖고 싶어해선 안 된다. 나는 전 연인과 친구가 되는 것이 가능하다고 생각하지만, 그건 그렇게 서두를 일도, 간단한 일도 아니며 당연한 일도 아니다.

중간에서 처신이 쉽진 않겠지만 마음이 들뜨고 산란하다면 더 위험하다. 현 여친과 싸우고(특히 전 여친 편을 드느라 싸우고) 전 여친을 찾아가 하소연하는 것은 금물이다. 현 여친이 질투해서 다투게 됐을 때 온화하던 전 여친을 떠올려서도 안 된다. 더구나 현 여친과 맞춰가는 과정에서 옥신각신할 때 '아, 역시 나를 잘 아는 사람은 전 여친이야'라고 생각해선 절대 안 된다. 이런저런 일로 결국 현 여친과 헤어지고 친구가 됐던 전 여친과 다시 연인이 된다? 그건 해묵은 문제의 재현이다. 뒤죽박죽 엉망진창이 되면서 아무것도 남지 않는다.

　어떤 식으로 헤어졌든 간에 전 여친에게는 정이 남아 있기 마련이다. 그렇기 때문에 더 조심해야 한다. 친구가 되는 것은 장기적인 일이니 당장 서두르지 말자. 가족 같은 사이? 그건 더더욱 급하게 굴어선 안 된다. 성급하게 전 여친을 달래려 할 때, 네 과거는 어땠냐고 따지고 들 때, '전 여친과 왜 친구가 될 수 없냐'고 물을 때, 우리는 사랑에는 세심한 보호가 필요하다는 걸 간과하곤 한다. 특히나 이제 막 씨앗을 심은 사랑은 아직 시간이라는 시험을 거치지 않았기에 참을성을 많이 요구한다. 새로운 사랑, 아직 익숙하지 않고 지위가 확고하지 않은 사랑, 아직 가족처럼 친밀하지 않은 연인을 대할 때는 과거가 마음에 남아 있을 테니 그 속에서 배워야 한다. 과거의 사랑이 남긴 교훈, 과거의 사랑 속에서 했던 성장이 우리에게 알려주는 바는 상대에게 가장 알맞은 방식으로 사랑해야 한다는 것이다. 전 여친에게든 현 여친에게든 거리낌 없고 떳떳해야 한다.

그러려면 일단 단단해져야 한다. 내 마음을 조각조각 나눌 수 있다 해도, 가장 중요한 것은 현 여친을 잘 보살피는 일이다. 내 마음을 분명히 정리하는 일이다. 진정으로 친구가 될 수 있는 전 여친이라면 당신의 고충을 이해할 것이다. 당신에게 시간을 주어야 한다는 사실을 알 것이다. 관계가 달라졌으니 권리와 의무도 달라졌다는 점을 받아들일 것이다. 두 사람은 이제 '친구일 뿐'이다. 애교, 투정, 애틋함, 보호, 보살핌, 미안함, 그런 건 모두 연인의 몫이니 미련도 욕심도 버려야 한다.

아직 축복까진 못 하겠다고? 그렇다 해도 지난 일을 언급하지 말고, 질투하지 말고, 옛일을 들추지 말자. 다 힘들다, 머릿속에 후회와 질투만 가득하다? 그렇다면 잠시 멀어지는 것이 필요하다. 친구는 장기적인 관계다. 마음속으로는 전 연인을 전혀 친구로 여기지 않으면서 "우리 친구로 지내자"라고 말해선 안 된다. 사랑하지 않는 것도 일종의 사랑이다. 옛 연인을 난처하게 만들지 말고 스스로를 잘 돌보자. 친구란 장기적인 관계이니 언젠가 진짜 친구가 될 날이 올 것이다.

전 여친을 대하든 현 여친을 대하든 미래의 여친을 대하든 심지어 자기 자신을 대하든, 덕으로써 사랑하는 법을 배워야 한다고 생각한다. 어찌 됐든 사랑받은 적이 있다는 건 아름다운 일이다. 아름답기에 깊이 고민하고 신중하게 생각해야 한다. 살얼음판을 걷는 일이기에 한 발 한 발 조심스레 내딛어야 한다. 모든 결정에 사심이나 집착이 끼어들면 안 된다. 옛사랑 또는 지금의 사랑을 진심으로 생각하며 예의 있고 진지해져야 한다.

 정말 연인에서 친구가 된 사례도 몇 번 봤다. 시간마저 그들 곁에서는 잠시 멈춘 것 같고, 그들에게는 오래도록 여운이 남는 아름다움과 선함이 깃들어 있다. 그 속에는 아무런 소유욕도 없고 사심도 없으며 심지어 친밀함도 없다. 그저 흐르는 물처럼 또는 달빛처럼, 가깝지도 멀지도 않지만 두 사람이 만나는 자리에는 뭔가 정이 넘친다. 그들은 상대의 연인과 잘 지내고, 진심으로 서로를 생각하며, 우연히 마주치면 옛일을 떠올리며 미소 짓는다. 지난 일들은 시간의 체에 걸러져 진짜 금만 남아 있다. 과거는 과거일 뿐임을 그들은 잘 아는 것 같다. 그리고 미래에는 멀리서든 가까이서든 서로에게 가장 굳건한 친구가 되어주려 한다.

'의심'에 관하여

 몇 달 동안 정신없이 바빴다. 함께할 시간이 나날이 줄면서 마음속에 이상한 구멍이 뚫렸고, 메울 겨를이 없어서 그 구멍은 점점 커졌다. 과거 어느 날엔가 겪었던 고통스러운 감정에 다시 빠져들었다. 짜오찬런을 향한 의심이 모락모락 피어올랐다.
 불안에서 의심으로 바뀌는 것은 한순간이었다.

 공원을 혼자서 걷던 그날, 내 얼굴은 온통 눈물범벅이었다. 내가 왜 이러는지 알 수 없었다. 아니, 알면서도 인정할 수 없고 차마 믿을 수 없었다. 나는 내가 이성적이고 강인해진 줄 알았다. 지난 몇 년간 스스로를 고치고 메꾸며 사랑이란 것을 이해했다고 생각했다.

그런데 마음 깊은 곳에 아직도 그렇게 깊은 상처가 남아 있을 줄이야. 그저 몸이 피곤하고 서로 좀 떨어져 있을 뿐인데, 그 괴물이 뛰쳐나와 나를 덥석 물어버렸다.

날 믿어?

우리가 다시 만난 그때, 병에 걸려 고생하느라 미치기 일보 직전인 나에게 짜오찬런이 이렇게 물었던 기억이 난다. 나는 그를 똑바로 보며 주저 없이 대답했다. "믿어."

예전의 나는 많은 것을 굳게 믿었다. 고통스러운 경험을 많이 했어도 인간의 본성만큼은 확실히 믿었다. 나는 인간의 아름다움과 선함을, 솔직한 태도를 믿었다. 사람이 악마로 변하는 모습을 보기도 했지만, 여전히 사랑이 미움보다 강하다고 믿었다.

지난 연애로 내가 그렇게 심하게 다쳤는지 미처 몰랐다. 심지어 그건 타인과는 무관했다. 내 마음속에 있는 아주 견고한 무언가가 갈기갈기 찢긴 것 같았고, 꿰매긴 했지만 여전히 튼튼하지 않았다. 나는 짜오찬런을 깊이 사랑하고 그녀도 나를 깊이 사랑한다고 생각한다. 서로를 사심 없이 대하고, 서로를 지켜주고, 서로의 옛 상처를 치유해줄 수 있다고 믿는다. 그런데 한동안 그녀가 몹시 바빠졌다는 이유로, 그녀가 마음 맞는 새로운 친구를 사귀었다는 이유로 어느덧 어두운 그림자가 서서히 내 마음을 뒤덮고 있었다. 그걸 알아차렸을 때 내 세상은 이미 캄캄해져 있었다. 어느새 나는 내게서 멀어져가던 예전의 그녀를 상상하고 있었다. 또 다른 세계로 걸어가는 그녀는 아무리 소리쳐 불러도 나에게 돌아오지 않았다.

며칠 동안 나는 깨어날 수 없는 악몽 속을 헤매고 있었다. 그녀를 보고 있지만 나는 그녀를 이해할 수 없었고 그녀도 나를 이해하지 못했다. 그제야 깨달았다. 나는 과거로 돌아가 지난 일 속으로 굴러떨어져 있었다.

너무 두려웠다.

의심은 지옥이다. 의심은 불안과 상처가 만들어낸 괴물이다. 의심은 마음속 어둠의 다른 모습이다. 의심은 내가 가장 두려워하는 모습으로 상황을 바꿔버리는 최고의 조력자다.

그만!!!

스스로에게 소리쳤다. 과거는 이미 지나갔다고, 그런 일은 다시 일어나지 않을 거라고.

그만해!!!

나에게 또 소리쳤다. 그녀는 그렇게 될 리 없다고.

소용없었다.

나는 3월에서 4월로 넘어가던 그 싸늘한 나날로 돌아가 있었다. 그때 나는 무슨 일이 일어나리라고 확신하면서도 막을 수는 없다는 걸 알고 있었다. 최후의 그날엔 뭔가 예감이 들었지만 무슨 일이 일어날지는 전혀 몰랐다. 그러고 나서 세상이 무너졌다.

나한테 그러지 마! 난 이제 젊지 않아. 그런 거 감당 못 한다고. 나는 깜깜한 밤에 조용히 눈물을 흘렸다. 지난 일이 또 한 번 나에게 화상을 입혔다.

날 믿어? 날 믿어야 해.

우리 평생 함께하자.

그녀가 말했다.

나중에 나를 일깨운 것은 짜오찬런의 맹세가 아니었다. 나는 어떤 상황에서도 의심에게 지배당해선 안 된다는 걸 불현듯 깨달았다. 유일한 돌파구는 그에 맞서 싸우는 것이었다. 의심은 단 한 번의 경험만으로 내가 믿어온 삶을 무너뜨리려 하고 있었다. 이대로 성공하게 놔둘 순 없었다.

인생은 변덕스럽고 사랑은 자유롭다는 걸 안다. 그렇다면 있을지 없을지도 모를 변화를 두려워하기보다는 정면으로 맞이하는 편이 낫다. 그래, 나는 짜오찬런을 사랑한다. 그 사랑은 이기적인 게 아니다. 그녀가 나를 오래오래 사랑하겠다고 해서 그녀를 사랑하는 게 아니다. 그녀가 의지할 만한 사람이란 걸 알기에 그녀와 결혼한 게 아니다. 무슨 일이 생겨도 서로를 속이지 않겠다는 우리 맹세를 믿었기 때문이다. 나는 생각한다. 어느 날 그녀가 내 곁을 떠나더라도 두려워하지 않는 사랑을 하고 싶어. 내 곁에서 그녀가 자유를 느끼게끔 사랑하고 싶어. 이런 식으로 사랑하는 법을 배운다면 두려움에서 벗어나는 것도, 소유욕의 노예가 되지 않는 것도 바로 나 자신이야.

너무나 어려운 일이었지만, 이번에는 의심을 이겨냈다. 사랑이 소유욕보다 크기 때문이다. 소유라는 전제가 없다면 의심은 설 자리가 없다. 과거에 속은 적이 있는데도? 그렇다고 더 이상 진리를 믿지 말라는 법은 없어. 사랑을 잃어본 적이 있어도? 사랑이 축복이라면, 이미 떠난 사람, 더 이상 내 것이 아닌 사람의 행복도 빌어줄 수 있잖아.

나는 아직 사랑의 궁극적인 의미를 모른다. 내 모든 변화조차 제대로 알지 못한다. 하지만 믿어야 한다고 생각한다. 믿음의 힘이 의심보다 크기 때문이다. 과거의 상처는 우리에게 두려움이 아니라 용기를 가르쳐주기 때문이다.

지옥 같은 며칠을 보낸 끝에 나 자신을 비웃고 욕하다가, 이 맑고 화창한 날에 의심에서 벗어났다.

힘내!

'동반'에 관하여 1

 짜오찬런은 수업하러 이른 시간에 나가지만 나는 그렇게 일찍 일어나지 못한다. 그래서 이제 우리가 함께하는 시간은 저녁때로 바뀌었다.

 한동안 마음속에 커다란 구멍이 뚫린 듯했고, 무언가가 끊임없이 그 구멍으로 빠져나가는 느낌이었다. 짜오찬런과 몇 번 다투기도 했다. 진실되지 않은 사건들이 우리를 에워싸고 빙빙 도는 기분이었다. 기진맥진한 우리는 갈수록 팽팽한 긴장 상태에 놓였다.

 정말 격하게 싸운 다음 날, 나는 선생님 댁에 찾아가 도움을 청했다. 선생님은 한 시간 동안 내 얘기를 들어주셨다(성격이 강한 나는 머릿속이 완전히 뒤죽박죽일 때

친구에게는 도와달란 말을 못 꺼낸다). 지난 세월 쌓이고 쌓인 잘못들, 내가 느끼는 당혹감과 불안감, 죄책감과 자책감, 밤중에 여러 차례 벌인 말다툼, 감정적으로 불쑥 튀어나온 비난, 심지어 오래전 각자의 마음에 약간의 흉터를 남긴 과거사, 그리고 사랑과 관계에 대한 가장 근본적인 의문들. 나는 그것들을 관련이 있든 없든 다 때려넣어 정교하고도 거대한 그물로 엮어냈다.

지난 1년, 어쩌면 2년 동안 나는 내가 정말로 성장했다고 느꼈다. 더 독립적으로 되고 더 단단해졌다고, 마침내 타인과 친밀하게 지내는 법을 알게 됐다고, 인생에서 드물게 찾아오는 고요하고 아름다운 시간을 얻었다고 말이다. 그런데 이상하게도, 충돌이나 오해가 생기면 그런 좋은 시간을 떠올리지 않는다. 아니, 좋은 시절을 떠올려보니 더 외로워진다고 해야 할까. 그렇다, 말하기 힘든 외로움이 마음속에 자리 잡고 있다. 누구에게도 털어놓을 수가 없다.

선생님은 늘 내 설명을 뛰어넘어 문제 자체를 직접 겨냥한다. 이번에는 일단 '사랑'에는 문제가 없으며,

문제를 일으킨 건 '능력'이라는 사실을 인정해야 한다고 지적했다. 사랑하는 마음이 있더라도 사랑하는 능력에는 한계가 있다, 그렇다고 해서 사랑을 의심해서는 안 된다는 얘기였다.

"애인이라고 당연하게 네 곁을 지켜야 하는 건 아니야." "네 마음속에 있는 외로움의 문제는 너 스스로 해결해야지. 당장 해결하긴 힘들다 해도 알고는 있어야 한다. 그건 원래 스스로 마주해야 하는 문제라는 걸 말이야."

선생님께 사랑이란 뭐냐고 여쭈었더니 뜻밖의 대답이 돌아왔다. "뭐가 사랑이 아닌지 알려줄게. 불평은 사랑이 아니야. 비난도 사랑이 아니고, 요구도 사랑이 아니지. 그런 행동을 한다면 그건 사랑이 아니라 이기심이란다."

TV에서 골프 경기 장면이 흘러나오는 조용한 오후였다. 선생님은 나에게 '의심'에 대해서도, '질투'에 대해서도 묻지 않고 이렇게만 일깨워주었다. 감정이 개입되면 바로 논쟁을 멈춰라. 서로에게 헌신할 때는 본인의 능력을 헤아려가며 해야 한다. 무리하지 않고 일방적으로 기대하지 않으면 상대방에게 보답을 요구하지도 않게 된다. 독립적이고 자유로운 개인이 되는 것은 원래 평생 해야 하는 공부다. 연인이나 반려자는 나를 도울 수 없고 도울 의무도 없다. 상대한테 함께 공부하자고 청할 수는 있지만, 그건 어디까지나 초대일 뿐이다. 상대가 동행하지 않거나 곁에 있지 못한다고 화내거나 비난해서는 안 된다. 알다시피 그건 자기 자신의 문제니까.

그동안 단단히 엉켜 있던 숱한 감정과 풀리지 않는 문제들을 모두 '내 인생의 to do list'에 집어넣으면 된다는 걸 깨닫는 순간, 그것들은 더 이상 두려운 존재가 아니었다.

그래, 모두 나 자신의 외로움에서 자라난 추측이었다. 사실 나는 나 자신을 마주하고 싶지 않았다. 여전히 자신감이 부족했던 거다. 나는 불안이라는 문제를 처리할 수 없었고, 내가 고르고 빚어낸 생활 방식을 진정으로 편안하게 마주하지도 못했다. 어쩌면 그동안 두 사람이 함께하는 달콤한 생활에 너무 익숙해진 나머지, 그런 휴식 같은 시간은 영원하지 않으며 반려자는 나만을 위해 곁에 있어주는 사람이 아니라는 사실을 잊고 있었는지도 모른다.

반려자가 나와 함께할 의무가 없다는 걸 깨달으면 이런 말은 더 이상 하지 않게 된다. "날 사랑하지 않는 거 아냐?" "왜 그렇게 쌀쌀맞아?" "나보다 누구누구한테 더 잘해주는 이유가 뭐야?" 사랑에는 비교가 없기 때문이다. 우리는 '나에게 가장 잘해주기 때문에' 그 사람을 사랑하는 게 아니다. '무슨 일이든 함께해주기 때문에' 그 사람을 사랑하는 게 아니다. 우리가 서로 사랑하고 서약하는 이유는 '이러면 그 사람이 내 것이 되니까'가 아니다. 모든 약속은 나 자신에게 하는 것이다. '영원히'라는 약속보다 더 중요한 것은 상대방에게 자유를 허락하는 것이다.

나는 아름다운 사랑이 나를 성장시킨다고 생각했다. 그런데 이제는 나에게 진정으로 성숙하고 독립적인 인격이 없다면 그 사랑을 가져도 지킬 수 없다는 걸 깨달았다. 우리가 만난 것은 동화처럼 아름다운 상상을 하려는 게 아니라 더 성숙하고 열린 삶으로 함께 나아가기 위해서라는 걸 깨달았다. 그러려면 더 단단해져야 한다. 움츠러들어선 안 된다. 더 나은 내가 되어야 한다.

저녁이 됐다. 드디어 나는 우리가 저녁을 같이 먹을 수 있나 없나, 요즘 들어 함께하는 시간이 줄어든 건 아닌가 하면서 조바심 내지 않게 됐다. 모처럼 마음이 편안해졌다. 피곤해서 먼저 나가 저녁을 먹고, 다안썬린공원◆ 바깥쪽을 천천히 걸었다. 스다로師大路까지 걸어가 목도리를 하나 산 다음 지하철을 타고 강연하러 갔다.

심적으로 지치긴 했어도 편안한 기분이었다. 짜오찬런에게 진심으로 성의 있게 사과하고 싶었다. 그저 기분을 맞춰주거나 화해하려는 것이 아니었다. 이렇게 오랫동안 나도 모르게 그녀한테 의지하고 있었고, 싸울 때 그녀가 하는 말을 제대로 이해하지 못했으며, 방어한답시고 상처 주는 말을 잔뜩 쏟아냈다. 나는 제대로 사과해야 했다.

◆ '타이베이의 센트럴파크'라 불리는 곳.

사과에 그치지 않고, 앞으로는 스스로를 일깨울 것이다. 비난하지 말고, 원망하지 말고, 요구하지 말라고.

또 내 마음을 잘 돌보라고 일깨울 것이다. 내 마음을 소홀히 하거나 피곤하게 하거나 의심하지 말라고. 나 자신에게 잘하라고. 나 자신에게 솔직하고 너그러워지라고.

마음속에 쌓이고 쌓인 예전의 상처는 여전히 치유되지 않았지만, 이제 처절하게 외롭진 않았다. 달리 말하면, 외로움도 나쁘지만은 않았다. 덕분에 나는 '왕자와 공주는 평생 행복하게 살았습니다'라는 유치한 환상에 빠져들지 않았다. 사랑과 관계 공부란 원래 어려운 일이었다. 한 번 넘어지고서야 경각심이 생겨났다.

사랑은 기나긴 여정이다. 사실 그녀는 일찌감치 내게 말했다. 순간순간에 연연하지 말라고, 눈앞의 문제를 풀려면 참을성 있게 기다릴 줄 알아야 한다고.

믿자. 그녀를 믿든 나를 믿든, 믿자.

'동반'에 관하여 2

난데없이 비가 내린다.

고양이 두 마리는 각자 작은 소파와 일인용 의자를 차지하고 있다. 짜오찬런은 큰 소파에 엎드려 있다. 창밖에서 주룩주룩 빗소리가 들려오는 가운데 모두 곤히 잠들어 있다.

저들이 늘 저렇게 유유자적 지내는 것처럼, 나 역시 혼자서도 잘 지낼 수 있다고 생각한다. 하지만 자꾸만 어떤 순간이 떠오른다. 내 무릎에 고양이가 있는 그런 순간이다. 나는 고양이를 쓰다듬어주고 털을 골라주고, 고양이는 흡족하게 골골송을 부른다. 내가 고양이 곁에 있어주는 건지, 고양이가 내 곁에 있어주는 건지 모르겠다.

후드득후드득 빗소리를 들으며 책을 읽고 차를 마시는데, 4년 전 5월의 어느 오후가 불현듯 떠오른다. 날씨가 더워지고 있지만 나는 여전히 긴소매에 긴바지 차림이다. 짜오찬런과 만나기로 약속한 날, 그녀를 기다리고 있다. 째깍째깍 시간이 흘러간다. 초조하고 긴장된다. 6년을 만나지 못했다. 나는, 또 그녀는 어떤 모습으로 변해 있을까. 우리가 다시 만나는 건 어떤 장면일까. 소위 '사랑'이란 건 어떻게 됐을까. 시간에 흩날려 사라졌을까, 더 나아지거나 더 평범해졌을까, 말로 설명하기 힘든 어떤 존재나 감각으로 변했을까, 아니면······.

작은 집 안을 이리저리 뛰어다녔다. 그럴수록 점점 더 혼란스러워졌다. 익숙한 요가 매트에 가만히 앉아 마음을 가라앉히려 노력했다.

그녀는 지하철을 타고, 버스로 갈아타고, 버스에서 내려 내가 있는 곳으로 한 발 한 발 다가오겠지······.

그때 멀리 창밖으로 산꼭대기에 자리 잡은 홍로지烘爐地◆가 눈에 들어왔다. 나는 항상 먼 산에 있는 토지공土地公◆◆께 기도를 올린다. 그러면 토지공은 따뜻한 어르신처럼 내가 늘어놓는 합당하거나 말도 안 되는 기도에 귀 기울여준다.

나는 토지공 할아버지께 느닷없이 소리쳤다. 오랜 세월이 흘러 우리가 어떻게 변하든, 그래도 서로 사랑하면 좋겠어요. 우리가 계속 함께 있게 해주세요. 함께할 수 없다 해도 저는 최선을 다해 짜오찬런을 돕고 싶어요.

그러고 나서 밤늦게까지, 우리는 서로 사랑한다는 사실과 그 사랑을 계속 이어가고자 한다는 사실을 확인했다.

그 뒤로 숱한 난관이 닥칠 때마다 그때 내가 빌었던 소원을 떠올렸다. 나는 혼자서도 잘 지내는 사람이다. 나를 사랑하는 사람에게 부담을 주지 않게 스스로를 잘 돌보고 싶다. 그래도 당신은 알 것이다. 조용한 밤에, 비가 내리는 저녁에, 살짝 쌀쌀한 아침에, 바람 부는

◆ 신베이 난스자오산에 있는 홍로지남산복덕궁烘爐地南山福德宮. 여러 신을 모신 화려한 사찰로 야경 명소다.
◆◆ 타이완인이 널리 숭배하는 토지의 신이자 복과 덕을 관장하는 신. 정식 명칭은 복덕정신福德正神이며 온화한 백발노인 형상이다.

저물녘에, 때로는 그녀를 바라만 보고 있어도 충만한 기쁨이 차오른다는 것을. 그것은 가장 간단한 생각으로 축약되고, 당신은 '사랑'이라 불리는 그 말을 더 깊이 이해하기를, 그에 더 가까이 다가가기를 소망한다.

사랑은 필요해서, 외로워서 하는 게 아니다. 누군가가 나를 아껴주기를, 구원해주기를 기다리는 게 아니다. 그것은 가장 단순한 소망이다. 하느님과 부처님이 도우사 당신의 삶 속에 그 사람이 함께하기를 간절히 바라는 마음이다. 과거에 그것은 그저 아득한 상상이었다. 만나지 못해도 당신은 그 사람을 사랑할 수 있었다. 그런데 이제는 그 사람이 지금처럼 진짜로, 구체적으로, 따뜻하게 당신 삶의 소소한 부분에 참여해주길 바라고 있다. 그럴 때 누가 누구 곁에 있어준다고 말할 수 있을까? 누가 누구를 보살피는 걸까?

그런 건 이미 알 수 없게 됐다. 다만 당신은 이 말을 기억하고 있다. "우리가 함께 있게 해주세요."

우리가 함께 있게 해주세요.

당신이 간절히 바라는 것은 바로 '함께'다!

'반려자'에 관하여

어느덧 결혼한 지 4년이 넘어간다. 올해는 우리 집 늙은 고양이 싼화三花♦가 신부전으로 위독해졌다. 싼화의 응급 처치부터 긴 치료와 회복 과정을 함께하다보니 우리 사이에는 처음 결혼했을 때보다 한층 더 구체적인 '반려자'로서의 감정이 싹텄다.

우리 '집'은 사람 둘과 고양이 둘로 이루어져 있으며, 짜오찬런은 나의 반려자다. 우리 넷은 중대한 고비가 닥칠 때마다 고락을 함께해왔다. 짜오찬런과 나는 무슨 일이 생기든 함께 상의하고 함께 토론하며 함께 책임지는 '동맹'이다.

♦ 삼색 고양이라는 뜻이다.

처음에 우리는 사랑 때문에 결합했다. 우리 둘 다, 이제는 진부하게 여겨지는 '결혼'이라는 틀 속에서 함께 무언가를 창조할 수 있을 거라 믿었다. 이건 우리 관계에 잘 맞는 우리 방식이었다. 우리의 결혼은 아직 합법이 아니지만,♦ 4년이 지난 지금도 우리는 자유롭게 판단하고 스스로 약속하고 창조하며 살아간다.

같이 살게 되자 온갖 일이 서서히 쌓여갔다. 추상적이던 '사랑'은 함께 있든 그렇지 않든 생활 속에서 구체화되었고, 매 순간이 공동으로 겪어야 할 세부 사항이 됐다. 많은 순간이 '사랑이 무엇인지' '사랑은 어떤 것이 될 수 있을지' 시험하는 장이 됐다.

사랑 말고 또 한 가지, 나는 '반려자'의 정의에 대해서도 깊이 생각해보게 됐다. 우리는 '반려자가 되는' 사랑 방식을 선택했다. 반려란 단순히 같이 식사하고 데이트하고 여가를 즐기는 달콤하고 행복한 시간만이 아니다. 가계와 집안일은 물론 나중에 서로 건강이 안 좋을 때의 돌봄 문제까지 분담해야 한다. 경제적으로뿐만 아니라 실제로 시간을 들여 헌신해야 한다.

♦ 천쉐와 짜오찬런은 2009년 그들만의 결혼식을 올렸고, 10년 뒤인 2019년 동성혼 법제화가 이루어지고서야 법적 부부가 됐다.

나는 우리의 또 다른 가족, 고양이나 개에 대한 감정을 떠올리곤 한다.

반려자가 된다는 것은 우리가 추구하고 감당해야 할 일이 여전히 즐거운지 그렇지 않은지, 좋은지 싫은지에 따라 선택하는 문제가 아니라는 뜻이다. 동물보호소나 거리에서 고양이와 개를 입양하는 것처럼 깊은 신뢰와 책임감이 포함된 문제다. 한순간의 눈 맞춤, 선의, 호감에 그쳐선 안 된다. 우리가 어떤 동물을 길들이는 순간 그 동물은 이미 우리 삶의 동반자가 되어 있다. 또 다른 형태로 절대 떠나거나 버리지 않고 끝까지 지켜줘야 한다.

인간 반려자는 고양이와 개에게는 없는 언어 능력, 자율적인 행동 능력, 소통하고 조율하는 능력, 의사 표현 능력 및 선택권을 갖고 있다. 이런 능력을 갖췄다면 동반 관계는 반드시 민주적이어야 하며 그 핵심은 존중이어야 한다. 이건 나도 최근에 새로 배운 개념이다. 한 독자가 부정적인 정서를 어떻게 해소해야 하느냐고 물어왔다. 예전에도 그 주제에 관해 여러 번 글을 쓰긴 했다. 그런데 생각해보니, 그래, 그건 바로 '민주'라는 개념이었다.

아무리 친밀하다 해도 관계는 반드시 민주적이어야 한다는 걸 명심하자. 두 사람이 서로 의견을 나누고 입장을 솔직히 밝히며 제대로 소통할 수 있어야 하고, 심지어 소통과 협의가 없을 때라도 각자 독립적인 개체라는 사실을 인식해야 한다. 서로가 사랑으로 엮이고 매이고 이어져 있다 해도, '사람을 미치게' '맹목적이게' '어지럽게' '포악하게' '제대로 생각하지 못하게' 만들며 '숨겨진 자아를 폭로'하는 사랑의 특징은 우리를 광적이고 집착적이고 어리석은 연인으로 만든다. 그러나 인간에게는 이성이 있다. 제아무리 격렬한 사랑을 하고 있다 해도 반드시 기억해야 한다. 사랑은 무한히 친밀할 수 있지만 그럼에도 자주적이고 민주적인 관계임을 절대 잊어선 안 된다. 실망하고 좌절하고 흔들리는 순간, 심지어 상대를 '개조'하고 싶거나 '도대체 왜 그런 식이냐'고 묻고 싶은 순간에도, 소통도 해야겠지만 관계란 민주적 과정임을 기억해야 한다. 어느 한쪽이 됐든 반드시 다른 한쪽의 결정을 존중해야 한다. 지금처럼 함께하든, 더 적합한 방식을 찾기로 하든, 혹은 다툼 속에서 토론을 벌이거나 심지어 헤어지기로 결정하든 모두 마찬가지다.

작년 겨울 아픈 싼화가 병원에 있을 때였다. 싼화 자신의 뜻을 정확히 알 길이 없었던 우리는 거듭 논의하고 자료를 모으고 경험 많은 집사 선배의 조언을 구하며 여러 시도를 했다. 결정 하나하나가 쉽지 않았지만, 우리는 싼화를 사랑하고 그의 생존 의지를 존중했다. 싼화의 고통을 최소화하고 치료해주기 위해 우리가 할 수 있는 최선을 다했다.

둘이서 이런저런 소통을 할 때마다 훗날 우리가 늙고 병들면 어떻게 해야 할지 생각하게 된다. 그러면 우리가 서로의 반려자가 됐다는 사실이 너무나도 명확하게 다가오고, 혼인 서약에 담긴 수많은 약속이 떠오른다. 그건 상대에게 뭔가를 바라거나 보장받으려는 것이 아니라, 깊은 신뢰로 서로에게 의탁한 것이었다.

아직 결혼하지 않았거나 반려자가 되기로 약속하지 않은 연인이라도, 처음에 품은 간절한 소망은 역시 '함께하고 싶다'였을 것이다. 그건 말로 표현할 수 없는 느낌이다. 만나고 싶고, 만지고 싶고, 곁에 있고 싶고, 이야기하고 싶다. 그 사람이 아침에 눈뜨는 모습을 보고 싶고, 함께 아침을 먹고 싶다.

길든 짧든, 그 모든 것이 반려의 시간이다.

지금 우리는 이렇게 한마음으로 고양이를 돌보고 있지만, 나중에는 혼자서 상대방을 보살펴야 할지도 모른다. 운이 좋다면 늙고 약해졌어도 함께 발맞춰 걸어갈 수 있을 것이다. 나 자신과 상대방을 돌볼 능력이 남아 있다면, 불행한 시간이 닥친다 해도 서로에게 가장 든든한 버팀목이 되어주고 싶다. 아직 능력이 있을 때는 서로 존중하는 민주적인 관계를 지켜갈 것이다. 한쪽이 판단을 내릴 수 없는 상황이 닥쳐도, 우리가 지금 싼화에게 하듯이 신뢰에서 비롯된 책임을 지는 것, 그게 바로 존중임을 잊지 않으며 기꺼이 최선을 다해 곁을 지켜주고 싶다.

한때 뜨겁고 강렬했던 그 사랑이, 시간이라는 체에 걸러져, 끝없이 흐르는 커다란 강이 되어 계절과 시공간을 따라 함께 흘러가기를…… 우리와 함께 삶으로 나아가고, 삶의 한가운데에 자리하고, 삶의 끝까지 함께해주기를.

만약 우리가 함께 걸을 수 없다면, 짜오찬런이 썼던 대로 되기를 바랄 뿐이다. "내 존재가 그저 너를 지나가게 하는 길목이라 해도, 네가 나를 거쳐 더 좋은 곳에 이르렀으면 해."

'돌봄'에 관하여

 나는 입만 놀릴 뿐 살림력은 제로인 사람이다. 혼자 허둥지둥 어수선하게 살아가다보니 나만의 방식이 생기긴 했지만, 누군가 곁에 있을 때는 늘 보살핌을 받는다.

 처음 짜오찬런과 사랑에 빠졌을 때, 그녀 앞에서 나는 늘 꿈꾸는 표정을 지으며 나도 모르게 소녀처럼 굴곤 했다. 전혀 예상치 못한 일이었다. 그때 나는 다퉁 전기밥솥까지 사서 그녀에게 닭고기탕을 만들어주었다. 맛은 별로였지만 그날 그녀도 나도 더없이 행복했다.

 하지만 내가 꿈꾸던 두 사람의 달콤한 생활은 이루어지지 못했다. 헤어지고 나서야 나는 비로소 스스로를 돌보는 법을 배우기 시작했다. 글을 쓰며 살아가는 가난하고 검소한 나날 속에서, 시장에 가서 찬거리를 사고 나를 위해 아침밥을 만들고 국수를 삶고, 집을 정리하려고 요상한 방법들을 시도해보기도 했다. 10평 남짓한 집이라 바닥이나 닦고 먼지나 터는 정도지 딱히 할 것도 없었다. 내 살림력은 그리 높아지지 않았고 요리 솜씨도 여전히 별로였다. 그래도 혼자 사는 생활은 자유롭다고 할 만했다.

나중에 연애를 하게 되자 또다시 보살핌을 받는 상태에 놓였고, 내 살림력도 서서히 퇴화했다.

전 애인과 헤어지기로 결심한 날, 나는 상대의 물건을 싹 치워버리고 번개같이 집을 정리하고는 저녁이 되자 장을 보러 나갔다. 그러면서 그동안 등한시하던 친구 관계와 살림력을 어떻게 바로 세워갈지 생각하기 시작했다.

그때 나는 몸과 마음 다 아주 약해져 있었다. 몸이 가장 안 좋을 때 짜오찬런이 나를 보살펴주겠다고 했다. 나는 거절했다. 사실 속으로는 기대고 싶었지만, 사랑은 기대는 게 아닌데 나를 돌봐달라고 욕심부릴 수는 없었다. 순간의 흔들림이 두고두고 화가 될 수 있었다. 나는 쇠약해진 몸과 마음을 추스르고, 혼자 거리로 나오고, 스스로 음식을 만들었다. 그렇게 마약을 끊듯 애인에 대한 의존을 끊었다.

짜오찬런과 다시 만났을 때, 사랑의 달콤함에 젖어든 나는 또다시 소녀의 내면극을 연기하기 시작했다. 그런데 이번에 맡은 건 아내 역할이었다. 결혼에 대해서는 전혀 몰랐지만, 그때 나는 그녀를 보러 허장가 合江街에 가면 빨래를 하고, 옷을 널고, 옷을 개어 탁자에 올려두고, 고양이에게 밥을 주고, 고양이와 놀아주고, 쓰레기차를 기다렸다. 그녀가 없는 집에서 나는 집안일을 배우고 남을 돌보는 법을 배웠다.

지금도 나는 허둥지둥 우왕좌왕이다. 이른 아침부터 짜오찬런이 능숙한 손놀림으로 맛있는 아침밥을 후딱 만들어내는 걸 보면 감탄하며 마구 먹어댈 뿐이다.

중화中和로 이사하자 더 끈끈한 생활로 접어들었다. 처음엔 짜오찬런이 많이 바빴다. 나는 꿀벌처럼 즐겁게 집안일을 했지만 살림이란 정말 끝도 없이 기술을

익혀야 하는 것이었다. 때로는 정말로 낙담하기도 하고, 내가 아예 전업주부가 된 건가 싶기도 했다.

우리 두 사람은 즐거움도 괴로움도 함께하겠다고 서약했다. 때로는 네가 바쁘고 때로는 내가 바쁘고 때로는 둘 다 바쁘다. 나는 사랑이란 서로 책임지는 것임을 차츰 이해하게 됐다. 사랑은 소녀처럼 누가 나를 보살피고 보호해주기를 기다리는 게 아니다. 누군가 나를 애지중지하고 걱정해주기를, 부드럽게 배려하고 나를 위해 목숨까지 걸어주길 기다리는 게 아니다. 모든 걸 척척 해내는 누군가가 운전기사가 되어주고 요리를 해주고 깨워주는 걸 기다리는 게 아니다. 이기적인 늙은 소녀, 그건 사랑이 아니다. 그건 바로 공주병이라는 거다.

당신은 왜 기꺼이 받기만 하고 줄 생각은 안 하나? 남을 돌보는 일을 기쁨으로 여기며 삶의 중대한 목표로 삼는 사람도 있다고? 아니, 당신이 연인을 진정 사랑한다면 연인에게 그런 심리를 조장하지 말자. 일방적인 헌신을 받다보면 내가 나약해질 수 있다는 걸 스스로에게 일깨워주자. 대등하고 평등한 관계여야만 두 사람 다 성장할 수 있으며, 그래야만 미래를 말할 수 있다는 사실을 상대방에게 일깨워주자.

이렇게 묻는 사람도 있다. 혼자 사는 법을 배웠고 혼자서도 잘 지내는데 굳이 연애를 해야 하나? 나는 이렇게 대답하고 싶다. 세상에는 '헌신'이라는 행위가 있기 때문이라고. 사랑은 필요해서 하는 게 아니기 때문이라고.

하지만 모든 것이 숙제다. 최선을 다해 상대를 돌보고 싶다면 자신을 돌보는 법부터 배워야 한다. 늘 보살핌을 받기만 하려던 사람은 상대를 더 많이 돌보려고 애써야 한다. 어떻게 하면 헌신하면서도 상대에게 너무 오냐오냐 하지 않고, 통제로 변하거나 보답을 따지지도 않고, 그러면서 나 자신도 지킬 수 있을까. 어떻게 하면 보살핌을 받으면서도 이기적이 되지 않고 스스로 강해질 수 있을까.

2년 동안 나는 늘 이런 생각을 하면서 살림을 해나갔다. 짜오찬런이 만들어준 음식을 먹을 때 조금도 미안해하지 않았으며 흔히들 상상하듯 '행복에 겨워' 뿌듯해하지도 않았다. 나는 짜오찬런의 헌신을 아는 동시에 나의 성장도 목격한다. 우리 집에서는 각자 잘하는 일을 맡아서 한다. 돈이 있으면 돈을 내고 능력이 있으면 능력을 발휘한다. 어쩔 수 없이 마찰이 생기거나 에너지가 바닥날 때도 있다. 그러면 시간과 인내심에 기대어 지나가기를 기다려야 한다.

결혼할 때 나는 화관을 쓰고 꽃다발을 든 채 달콤한 미소를 지었다. 이제부터 행복한 생활이 펼쳐질 줄 알았다. 생활 속 행복이란 내가 상상했던 청사진과는 다르다는 사실을 나중에야 깨달았다. 행복은 대본대로 흘러가는 연극이 아니다. 삶은 하루하루 힘겨운 연습이다. 남에게 보살핌만 받던 내가 스스로를 돌볼 줄 알게 되고 남을 돌보는 단계로 나아갈 수 있어서 얼마나 다행인지 모른다. 세상에는 헌신이라 불리는 행동이 있으며, 헌신할 때 우리는 강인해진다. 다만 헌신은 내 안의 공허함을 채우려는 듯 맹목적으로 사랑을 쏟아붓는 것과는 다르다.

하루하루 쌓여가면서 헌신은 보살핌이 아니라 생활 속에서 일어나는 평범하고 자연스러운 상호작용처럼 바뀐다. 밤이 되면 밤바람을 타고 흩날려간다. 이리저리 재고 따질 필요도, 점수를 쌓을 필요도 없다.

하지만 이튿날 잠에서 깨면, 우리가 쏟아부은 헌신이 우리 몸속으로 돌아와 있다. 그리고 우리는 자신감 넘치는 사람이 되어 있다.

2부

'이해'에 관하여

뜨겁게 사랑할 때는 눈빛만 봐도 서로 마음이 통한다. 상대가 외국어로 말해도 다 알아듣는 것 같고, 손짓발짓이나 심지어 그림으로도 소통이 된다. 문자와 언어를 몰라도 아무런 걸림돌이 안 되는 것 같다.

하지만 함께하는 시기에 들어서면 본모습이 드러난다.

사랑에는 소통이 필요하다.

예전에 나는 남을 이해하지 못하고 남도 나를 이해하지 못한다고 생각했다. 뜨겁게 사랑하는 순간을 빼면 나는 늘 외딴섬에 있었다. 그래서 뜨거운 사랑을 탐닉하며 끝임없이 추구하게 됐다. 그 잠깐의 마법 같은 순간이면 서로의 핵심에 진정으로 닿은 느낌이 들었다.
그것은 진실인 동시에 환각이었다.

연애 초기에는 다들 할 말이 많다. 맹렬히 타오르는 촛불처럼, 과거의 행복과 고통이 남긴 훈장과 상처를 연료 삼아 밤새도록 빛을 뿜는다. 그때는 아직 소통한다거나 이해한다고는 할 수 없는, 데이터베이스를 구축하는 단계라고 할 수 있다. 하지만 얼마나 아름다운 시간인지 모른다. 먹고사는 문제나 먼 거리 따위는 아무것도 아니다. 그때 연인들은 시간이 이대로 멈추길 바랐다. 밤새도록 이야기를 나누고, 밤을 새워 편지를 썼다. 스마트폰이 없던 시절, 손가락에 쥐가 나는 걸 무릅쓰고 한 통 한 통 손편지를 썼다. 그때는 매 순간이 마지막 순간 같았다. 서로에게 궁금한 점이 너무 많아서 봄누에가 실을 뽑아내듯 이야기가 끝도 없이 이어졌다. 그때 연인들의 입은 얼마나 바빴던가. 입맞춤을 하고, 이야기를 하고, 때로는 입맞추면서 이야기를 하고.

때로는 꿈속을 헤매다 한밤중에 깨어나서는 뭔가 떠올랐는지 연인을 붙잡고 한바탕 속마음을 털어놓는다. 때로는 이른 아침에 깨어나 잠이 갈라놓았던 거리를 한시바삐 좁히려는 듯 꿈 이야기를 쏟아낸다. 하룻밤을 못 봤을 뿐인데 3년이 지난 것 같다.

그토록 서로를 이해하고 싶다. 그래서 만나는 횟수가 점점 늘어난다. 그렇게 점점점점 자주 보다가 같이 살기에 이른다.

함께하는 시간이 늘어나면서, 상대방을 그리 깊이 이해하지 못하고 있다는 사실을 문득 알아차린다. '이해'는 기묘한 단어가 된다. 다툴 때면 더 그렇다. 과거엔 말을 안 해도 텔레파시처럼 마음이 통했건만, 이제는 '각자 할 말 하기'나 '동문서답'이 되기 일쑤다. 과거에는 시간에 쫓기듯 서로를 이해하려들었다. 인생을 전부 다 겹쳐봐도 이해가 부족한 느낌이었다. 지금은 쓸데없는 이해는 '내면극'로 변하고 만다. 5분만 더 이해했다간 바로 싸움이다.

함께하기가 사랑을 망가뜨리는 것은 아니다. 사랑은 함께하기에서 비로소 시작된다.

열애기에는 불꽃이 튄다. 말을 안 해도 다 알고, 말이 없어도 뜻이 통한다. 심지어 이성으로는 설명이 안 된다. 두 사람은 전생의 연인, 헤어진 쌍둥이, 서로를 만나야 온전해지는 잃어버린 한 조각 같다. 이런 비유는 과장이 아니고 모두 사실이다. 다만 시작일 뿐이다. 어떤 사랑은 시련을 좀더 거쳐야 다다를 수 있고, 어떤 사랑은 시련을 겪기도 전에 무대에서 내려오고 만다.

'어떻게 하면 참을성 있게, 긴장하지 않고, 지나친 상상도 안 하면서 그 사람 말을 이해할 수 있을까?' '비굴하지도 거만하지도 않은 태도로, 상대도 화를 안 내고 나도 불편하지 않으면서 내 말을 이해시킬 방법은 없나?' '어떻게 말을 꺼내야 할지 모르겠어' '무슨 말을 해야 돼?' '어떻게 말해야 해?' '어떻게 듣지?'……

때로는 마음속에서 천둥이 친다. 우르릉 쾅쾅. 그녀에게 다 들릴 거라 생각하지만, 물론 아니다. 제대로 말하지 않으면 마음의 소리는 누구도 알아듣지 못한다.

'이해'의 적은 상상력, 특히 상처받은 상상력이다.

'오해'의 공범은 엉뚱한 내면극, 일방적인 배려와 불완전한 추리다. '이해'란 선입견을 내려놓는 것이다. 자존감, 이기심, 두려움, 체면을 내려놓는 것이다. 심지어 상대에 대한 기존의 이해까지 내려놓는 것이다. '공감'하는 것이다. 다만 '상대에게 공감하다 말고 갑자기 스스로에게 공감하고, 이어 상대는 왜 공감을 안 해주지 하고 원망하는' 복잡한 심정이 따라서는 안 된다. 남에게 나를 이해시키는 과정도 이와 비슷하다. 가장 경계해야 할 것은 속으로 이렇게 생각하는 것이다. '다 알아, 네가 날 이해 못 하는 거.' '역시 넌 나를 오해하고 있잖아!'

'이해'는 관계 속을 흐르는 기나긴 강이다. 언제나 소통이 흘러야 한다. 낙엽과 자갈이 멋대로 떠내려오면 막혀버린다. '이해'는 시간이 흐르며 점점 쌓여갈 수 있지만, 분노(또는 질투심)만으로도 와르르 무너질 수 있다. '이해'는 남을 이해하는 법을 배우는 동시에 가장 이해하기 어려운 건 나 자신이라는 사실에 깜짝 놀라는 것이다. 새로 발견한 자아를 마주한 당신은 어안이 벙벙하다. 입을 쩍 벌리고 혀가 꼬인 채 이해하려

하고 설명하려들며 관계 속에서 소통을 찾으려 하는 사람, 그런 자신이 너무나 낯설게 느껴진다.

  두려워하지 말기를. 그게 바로 이해의 첫걸음이다.

  '이해'에는 늘 두려움이 따르고 실망감이 따른다. 상실의 가능성이 따르고 충돌이 따르며, 오해가, 고독이, 무력감이 따른다.

  '이해받으려' 해도 역시 부끄러움, 불안, 죄책감, 창피함, 분노, 무력감이 따를 것이다.

  둘 다 똑같다. 이해라는 과정은 원래 편안함을 위해 설계된 것이 아니다. '자아'는 종종 상처로 가득하다. 일촉즉발의 탄약고나 다름없다.

  하지만, 그렇다 해도, 그렇게 연인을 이해하려 하고 또 자신을 이해시키려 애쓰는 그 초조한 마음은, 사실 뜨겁게 사랑하던 시절의 마음보다 서로에게 더 깊이 통한다. 불꽃 같은 마음보다 사랑에 더 가까운 마음이다. 그 마음에는 더 많은 인내와 기다림, 헌신, 자신감이 필요하기 때문이다. 그야말로 내 인생을 제대로 돌아보고, 과거와 마주하고, 나에게 남은 상흔을 들여다

봐야만 그 마음에 진정으로 다다를 수 있다. 우리가 상대를 이해하려고 준비할 때, 이해하다가 어려움을 겪을 때, 아마 그 '마법 같은 열애기'는 이미 끝났을지도 모른다. 하지만 그때의 텔레파시, 말로는 표현하기 힘든 순수한 영혼의 교감은 여전히 남아 있다.

이것들을 '환멸'의 원인이 아니라 '이해'에 이르는 초석으로 만들어야 한다.

사랑은 늘 이유도 없고 논리도 없는 모습으로 나타난다. 우리가 할 수 있는 것은 그것을 '합당'하고 '논리적'으로 만들어 '지속'할 수 있는 길을 닦는 것이다.

연인들이여, 줄기차게 나아가자!

'배려'에 관하여

 배려와 이해는 다르다. 배려는 '공감'과 상상력이 만들어낸 생물이다. 어릴 적부터 좋은 아이가 되어야 한다는 '좋은 사람 교육'이 만들어낸 산물이다. 심지어 나처럼 자기중심적인 괴물조차 '사랑은 배려'라는 명언의 씨앗이 마음속에 뿌려지면 도무지 뽑아버릴 수가 없다.

 연애가 어느 정도 진행되면, 함께 살든 서로 친밀하게 오가든 나를 잃기 시작한다. 마음속에서 배려가 자꾸자꾸 자라나 함께 식사할 때 내가 뭘 먹고 싶은지도 알 수 없는 지경에 이른다. 상대를 충분히 알기에 마음속에 이미 상대가 좋아하는 음식, 먹고 싶어하는 음식, 아마도 먹고 싶어할 것 같은 음식 목록이 주르륵 펼쳐지고, 내가 좋아하는 음식은 점점 밀려나 꽁무니로 가고 만다. 편의상, 돈을 아끼려고, 그 밖의 여러 이유로 식당이나 메뉴를 정할 때마다 상대가 원하는 걸 고르게 된다. "난 아무거나 다 좋아."

물건을 살 때도 상대방이 우선이다. 항상 그에게 뭐가 부족한가, 뭘 사줘야 할까부터 생각한다. 크고 작은 모든 일에 있어 그가 우선이며 머릿속엔 온통 그뿐이다. 자발적이든 자동적이든 나는 이미 '배려 모드'에 빠져 있다. 나 자신은 점점 배제한 채 자꾸만 움츠러든다.

몇 년 전, 몸과 마음이 다 지쳐 있을 때였다. 겨울인데도 여자친구와 점심을 먹으러 밖으로 나갔다. 그녀가 물었다. "뭐 먹을래?" 그러자 나는 길바닥에서 그대로 무너지고 말았다. 펑펑 울고 나서 내가 말했다. "나한테 뭐 먹을 거냐고 물어도 난 내가 먹고 싶은 게 뭔지 말로 안 나와. 그냥 네가 먹고 싶은 걸 고를 게 뻔해. 난 이미 내가 뭘 원하는지 모르겠어. 머릿속이 뒤죽박죽이란 말이야……." 그녀는 말문이 막힌 채 당황한 눈빛으로 나를 보고만 있었다.

그런 배려는 사랑이 아니라 사랑의 암살자다. 끝도

없이 배려하다보면 점점 길을 잃고, 이어 자신은 배려받지 못한다고 원망하기 시작한다. 지나친 헌신, 심지어 잘못된 헌신은 모두를 자욱한 안개 속으로 밀어넣는다. 당신은 상대가 원한다고 생각하는 걸 바치지만, 그런 희생은 자기 자신도 이해할 수 없는 '관성'이 되고 만다. 사랑하는 사람을 위해주는 게 어떻게 잘못이냐고? 당신은 자신의 능력을 잘못 판단하고, 상대방의 필요를 잘못 판단했다. 연애를 내면극으로 만들어가던 당신은 '무절제한 배려'가 차츰 임계점에 다가간다는 사실을 알아챈다. 당신은 스스로 만든 벼랑 끝에 서 있고 그녀는 아주 멀리 있으며, 둘 사이에는 '배려'가 만들어낸 뛰어넘을 수 없는 틈이 있다. 그다음은 '멘탈붕괴'다. 당신은 그녀를 점점 더 탓하게 되고, 그러면서 서서히 그녀와 멀어진다.

배려보다는 진정한 이해가 낫다. 일방적으로 배려하기보다는 내가 하려는 게 뭔지, 해줄 수 있는 게 뭔지, 상대가 필요로 하는 건 뭔지 명확히 구분해야 한다. 그 속에서 뭐가 진짜이며 정말로 내가 할 수 있고 해야 할 일은 무엇인지 알아야 한다.

덕으로 사랑한다는 것은 단순히 어떻게 사랑하느냐

를 말하는 게 아니다. 그보다 '무엇을 하는 게 사랑인지', 나아가 무엇을 하지 않는 게 사랑인지를 이해하는 것이다.

자아를 잃어버린 헌신은 사랑이 아니라 잘못된 길로 빠진 것이다. 배려가 성숙하고 이성적인 상호작용을 압도할 때, 배려가 황제의 절대권력으로 변하고 심지어 '나는 널 이렇게 배려하는데 넌 왜 나를 배려 안 해'라는 감정의 저울로 변할 때, 그건 사랑의 붕괴를 알리는 첫 번째 징후다.

배려, 때로 그 근원은 자기중심적인 '착한 사람 코스프레'다.

사랑은 가장 엄격한 '자아 인식'을 거쳐야 하는 가장 어려운 공부다. '배려'는 때로 '결과를 감당할 용기가 없다'의 포장이고, '거절할 능력이 없다' '상실이 두렵다' '상대가 내 본모습을 좋아하지 않을까 두렵다'의 포장이다. 배려는 나쁜 게 아니지만 그렇다고 부적도 아니다. 배려란 자연스럽고 여유롭게 상대에게 온기를 전하면서 자신도 무리하거나 힘겹지 않은, 동등하고 독립적이며 성숙한 연인 사이의 선하고 아름다운 상호작용이어야 한다. 그런데 나에게 뭐가 필요하다고 표현할 능력이 없고, 진짜 필요한 게 뭔지 판단할 능력이 없으며, 거절을 못 하고, 상대방의 실망을 감당하지 못하고, 타인과의 미묘한 거리와 경계를 조절하지 못하는 사람, 아직 충분히 성숙하고 독립적이지 않은 사람에게 '배려'는 가장 좋은 핑계일 수 있다. 우리는 '모든 일의 전제는 배려'라는 말을 최고의 처방전으로 여긴다. 맞는 말이다. 다만 우리가 모르는 부분이 있다. 그 아름다운 말도 우리가 충분히 성숙한 상태에서 실천해야만 해가 없다는 사실이다.

깊은 밤, 가만히 생각에 잠긴다. 지금 내 상태를 보아 하니 스스로를 돌아보며 분명히 정리할 필요가 있다. 일단 나부터 단단하고 강해져야 한다. 지금은 소리 없는 배려가 아니라 소리 나는 소통을 해야 할 단계다. 내 능력 안에서 사랑하고 헌신할 줄 알아야 한다. 사랑하는 사람에게 진정으로 유익하면서 나 자신도 지치고 혼란스럽게 만들지 않는 방법을 알아야 한다. '선택'의 무게를 감당하는 법을 배우고, 그러고 나면 아무런 원망이나 후회도 없어야 한다. 자신을 이해하는 데에는 한계가 있으며, 사랑하는 마음과 사랑하는 능력은 필연적인 관계가 없다. 관건은 자신을 잃지 않고 잘못된 길로 들어서지 않는 것이다. '좋은 일'처럼 보일지라도 사랑에 상처 주는 일은 하지 않는 것이다.

그래, 원망과 후회 없이 헌신하는 법, 그거야말로 내가 정말로 해야 할 공부다. 원망과 후회가 없어야지, 절제가 없어선 안 된다고 스스로를 일깨운다.

알았으니 됐다. 아직 늦지 않았다.

'계산'에 관하여

  때로는 관계 속에서 희한한 계산을 하게 된다. 그러면 '왜 항상 내가 널 위해 하는 일이 더 많지'부터 시작해 '넌 왜 안 하는데……' '지난번에 내가 말했는데…… 도대체가……' 하면서 하나하나 따지게 된다. 말로 하는 다툼에서는 그래도 반박할 기회가 있다. 속으로 하나하나 장부를 뒤져보다 마음이 차갑게 식어버리는 게 더 두려운 일이다.

  '이제 날 사랑하지 않나?' '예전엔 엄청 아껴주더니, 점점 사랑이 식어가네' '다른 사람을 사랑하게 됐는지도 몰라' '다른 사람을 사랑하는 건 아니라 해도 사랑이 식은 건 확실해'. 함께하는 시간이 얼마나 되는지, 나에게 바치는 수고는 얼마나 되는지 따져보고, 예전에는 꽃이나 초콜릿을 선물하더니 지금은 셴수지鹹酥雞[*]나 사준다고 한탄한다. 서러움이 북받친 연인은 들쑥날쑥한 기분에 따라 묵은 장부를 들추며 비교만 해댄다. 아무 일도 일어나지 않은 듯해도 이미 상처를 입은 것이다.

이건 사랑을 배우려는 마음보다 사랑을 받겠다는 마음이 더 크기 때문이다. 타인과 연애한다는 건 사실 아름답고 강인하고 매력 넘치고 등등 내 마음을 잡아끄는 누군가를 찾아서 일단 그를 사랑하고, 그다음에 그가 나를 사랑하기를 기다리는 것이다. 사귀기 시작하면 점검에 들어간다. 나를 충분히 사랑하나? 나만 사랑하는 게 맞나? 왜 이것저것 다 안 도와주지? 왜 내 뜻대로 안 하는데? 이제 보니 이것도 맘에 안 들고 저것도 맘에 안 드네? 날 위해 자기 성질을 좀 고쳐야 할 거 아냐?

때로는 드라마를 너무 많이 본 나머지 이상한 사람 만나서 고생하는 거 아닌가 걱정이 앞선다. 아무 일 없

---

[*] 닭고기, 버섯, 두부 등을 짭짤하게 튀긴 길거리 음식.

어도 스스로에게 예방주사를 놓고 매일매일 소독을 한다. 사랑은 헌신이고 사랑은 자유라고 말하면서도, 내가 호구 된 거 아닌가 싶어 맘이 편치 않다. 내가 노력하고 헌신할수록 그는 더 무심해지는 이유가 뭐야? 게다가 주위에서는 '더더욱 사랑스러워지는 법'이나 '상대의 마음을 사로잡는 법'을 이것저것 알려준다. 마치 사랑이 나 자신에게서 출발하는 것이 아니라 어떤 협상 카드라는 듯 말이다.

연애할 때면 꼭 나 자신의 못마땅한 부분이 눈에 띈다. 이런저런 계산과 불안, 숱한 실망감, 때로는 사랑이란 게 마음 같지 않아 짜증난다. '내가 원하는 건 이렇게 간단한데, 이렇게 조금밖에 안 되는데' 하면서 투덜거린다. 하지만 사랑에는 요구가 존재해선 안 된다. 이기적인 요구가 하나둘 쌓이다보면 거대한 바위가 되어 사랑의 흐름을 가로막을 수 있다.

우리는 사랑하는 방법을 필사적으로 고민하지만, 그에 앞서 사랑의 시작을 방해하지 않는 법부터 생각해야 한다. 계산, 요구, 기대, 이기심은 사실 사랑이라는 명목으로 소중히 여겨지고 보호받겠다는 마음이자 사랑받고 있다는 걸 증명하려는 행동이다. 관심이라는 커다란 깃발을 휘두르며 통제하고 바꾸려 하고 기대하고 강요하는 마음은 사랑의 숨통을 조인다.

상대가 당신을 충분히 사랑하지 않는 것 같아 걱정되는가? 그가 당신에게 바치는 것이 너무 적어 보이나? 사귄 후에 태도가 달라졌나? 그런 걸 고민하기보다는 '그 사람을 진심으로 사랑하나?'라는 더 근본적인 물음을 던져보면 어떨까. 당신에게 한 가지만 묻고 싶다. 외로움이나 필요 때문이 아니라고 확신하나? 기대고 싶고, 소중히 여겨지고 싶고, 안전감을 느끼고 싶고, 의지할 곳이 필요해서는 아닌가? 당신은 혼자 일방적으로 사랑을 내주고 있다고, 상대의 사랑은 점점 적어지고 있다고 느끼겠지만, 사실 사랑에서 멀어지는 사람은 바로 당신일 수 있다.

당신은 충분히 사랑하고 있나? 열린 마음으로 사랑하고 있나? 상대를 존중하고 상대에게 자유를 줄 수 있나? 상대방을 손에 거머쥔 소유물로 여기지는 않나? 내가 받는 사랑이 얼마나 되는지 계산하지 않고, 당신이 아는 한 그에게 가장 좋은 방식으로 사랑할 수 있나? 제대로 사랑하기 위해 스스로 성숙해질 수 있나? 사랑을 부목이나 구명튜브로 여기지 않고, 함께 성장해야 할 연인을 심부름꾼이나 신용카드나 쓰레기통으로 만들지 않고, 그의 가치를 소중히 여기며 진심으로 아끼고 사랑할 수 있나?

우리는 연인의 사랑이 충분한지 그렇지 않은지 열심히 계산기를 두드려본다. 연인이 나를 충분히 사랑한다면 저절로 사랑을 배우게 될 것 같다. 연인이 나를 충분히 사랑하니까 내가 무슨 짓을 해도 괜찮을 것 같다. 한쪽에서 아무런 원망이나 후회 없이 헌신한다면 그 관계는 영원토록 이어질 것 같다. 그러다 막판에 연인의 마음이 변한 걸 알아차린 당신은 '사람 잘못 만나 고생했다'며 한숨을 쉬고 욕을 한다.

의문이 생길 때, 계산하기 시작할 때는 나 자신을 돌아보는 게 낫다. 나에게 진심으로 사랑하고자 노력할 마음이 있는지, 내가 타인에게 행복을 줄 만한 사람인지, 지금 이 경험을 통해 주는 법을 배워나갈 수 있는지, 내 부족한 부분을 조금씩 마주하며 고쳐나갈 능력이 있는지. 줄기차게 연애만 했지 결국 빈손인 내가 좌절을 겪어도 포기하지 않고 용감하게 사랑하는 사람으로 변할 수 있는지, 내 능력에 한계가 있어도 기꺼이 노력할 수 있는지, 함께 걷지 못해도 연애를 악몽으로 만들지 않을 수 있는지. 그렇게 내가 상상하던 그 사람, 진심으로 사랑하고 함께하며 삶의 힘을 얻고 마침내 사랑할 능력을 갖춘 사람이 될 수 있는지 말이다.

'기대'에 관하여

　기대는 실망의 근원이다. 기대는 원망과 비난의 뿌리이자 싹이다. 기대는 사랑과 결혼의 암살자다.
　기대는 온유한 당신을 사나운 호랑이로 만든다. 기대는 쌀 한 톨을 밥 한 그릇으로 과장한다.
　특히 말하고 싶지도 않고 말하기도 민망해 차마 입 밖에 내지 못하는 기대가 있다. 당신은 가슴에 품은 그 사람과 저절로 마음이 통하기를 기대한다. 그가 당신보다 강하고 당신보다 온화하고 당신보다 배려심 많기를 기대한다. 상상하는 것보다 더 너그럽고 자상한 사람이기를 기대한다. 당신이 속마음과 다른 말을 해도 마술사처럼 자동으로 교정하고, 감정적으로 튀어나온 말은 사랑의 문구로 번역해주기를 기대한다. 언제 멈춰야 하는지, 언제 그만둬야 하는지, 언제 행동해야 하는지, 언제 포기해야 하는지 그가 다 알기를 바란다. 당신의 침묵, 눈물, 분노, 냉전, 조롱 속에서 당신의 가장 원초적인 감정을 해독해내기를 기대한다. 심지어 그가 상처를 받았어도 상처 준 사람이 민망해하거나 자책하지 않게끔 배려하길 기대한다. 그가 꿈도 해석할 줄 알고 속마음도 짐작해내기를 기대한다. 그런 기대가 언제 마음속에 심어졌는지, 어디서 양분을 얻어 그렇게 거대하게 자랐는지는 알지도 못한 채.

기대는 소리 소문 없이 찾아온다. 안개가 마음을 뒤덮듯 눈앞의 광경을 달리 보이게 하면서 모든 걸 싹 바꿔놓는다. 기대, 당신은 처음엔 그걸 사랑의 선물이라고 여겼겠지. 세상 누군가가 당신을 위해 맞춤 제작한 줄 알았겠지. 시간이 흘러 세상이 조용히 변해가도 당신은 남몰래 마음속에 온갖 기대를 펼쳐놓는다. 꿈같은 기대, 현실적인 기대, 낭만적인 기대, 광기 어린 기대, 실현된 기대와 실현되지 않은 기대, 합리적인 기대와 어처구니없는 기대…… 들판에 흐드러지게 피어나는 들꽃처럼, 사랑이 깊어갈수록 기대도 더욱더 만발한다.

기대, 당신은 그게 기대라는 사실을 전혀 모르는 것 같다. 혹시 그걸 영혼의 교감으로 여기나? 입 밖에 내지만 않으면 아름다운 거라고 생각하나? 요구도 아니고, 변형된 통제도 아니며, 포장된 협박도 아니라고?

당신은 마음속에 품은 기대가 자꾸만 허사가 되는 걸 알아차린다. 애인은 인형이 아니라 독립된 의지를 가진 사람이기 때문이다. 당신이 사랑하는 그는 맨 처음 사랑에 빠졌을 때와 똑같은 사람이기 때문이다. 그는 사랑 때문에 길을 잃어선 안 된다는 걸 알고 있고, 당신을 잘못된 상황에 빠뜨리려 하지 않기 때문이다. 두 사람의 약속은 상대에게 자유를 주는 것이었기에, 사랑하면서도 예전처럼 자유롭게 자신을 펼칠 수 있기 때문이다. 그는 언제나 당신을 신뢰하기 때문이다. 그렇기에 당신이 창조해낸 기대는 뿌리 없는 꽃처럼 시들어 떨어질 수밖에 없다. 이제 당신은 그가 냉정하다며 원망한다.

당신은 깊디깊디깊디깊은 두려움에 휩싸여 있다. 그건 당신이 이런 생각을 품고 있기 때문이다. 만약 그가 당신을 충분히 이해하고 충분히 사랑하며 충분히 지혜롭고 충분히 세심한 사람이라면, 그 난감한 상실의 처지에서 반드시 당신을 끌어내줄 거라고.

'왜 나한테 안 물어봐?' '왜 솔직하게 말 안 해?' '왜 내가 생각하지도 않은 걸 멋대로 추측해?' '내가 무슨 생각하는지 물어보지도 않고 마음대로 드라마를 지어내면 어떻게 해?'

이런 말들이 종소리처럼 머리를 때린다. 그래, 기대한다면 왜 그걸 직접 말하지 않나? 왜 기대를 억누른 채 상황을 더 안 좋게 만드나? 왜 떠보나? 왜 답을 다 정해놓고 질문을 하나? 듣지도 않을 거면서 왜 상대에게 설명을 요구하나? 왜 눈앞의 사실을 무시하고 과거 일에 끼워맞추려 하나? 왜 소인의 마음으로 군자의 마음을 헤아리려 하면서, 지난 경험을 지금 상황에 갖다 붙이며 마음을 비교하나? 왜 당신의 괴로움과 불쾌감과 상실감과 불편함이 상대의 행동 때문이라고 생각하나? 왜 트라우마를 겪은 것처럼 반응하며 있지도 않은 얘기를 지어내나?

당신은 너무나 두려운 거다. 무력하고 막막한 시간이 닥치고, 당신은 아기처럼 약하디약한 자신을 보게 된다. 하지만 자존심이 당신을 칭칭 옭아매는 통에 지금 가장 필요한 게 무엇이라고는 차마 말을 못 꺼낸다. 스스로를 단단히 챙긴 적 없는 당신은 그가 당신의 당혹감과 미련함을 알아챌 거라고 생각한다. 아니, 그가 알아채지 못했을까봐 또는 당신의 나약함을 이미 알아챘을까봐 두렵다. 자신이 미친 사람 같다. 멋지지 않고 강인하지 않고 자신감이 부족한 것 같다. 뒤엉킨 상념 앞에서 당신은 자신을 차마 바라볼 수도 없는 모습으로 변한다. '내가 원하는 게 뭐냐면……'을 말하지 않고 입을 꾹 다물고 있어야 성숙한 거라고 생각한다.

　당연히 믿어야 했다. 진작부터 믿었어야 했다. 긴 여정을 거쳐 여기까지 온 두 사람이 숱한 고난과 역경을 겪어내며 단단해졌다는 걸. 서로 좀 거리를 둔 채 스스로를 추스르고 치유하고 있지만, 그럼으로써 진정 성숙하고 자유로운 사랑의 경지로 들어섰다는 걸. 하지만 아직 머나먼 길이 남았다는 걸. 처음 그 자리에 그대로 멈춰 있는 자신을 보며 당신은 부들부들 떨고 있다. 큰 파도 한 번에 제자리로 돌아간 당신은 가슴이 쓰라리다. 당신에게는 여전히 두려움과 당혹감이 뼛속 깊이, 가득 남아 있다. 이 세상에서 부모님 말고는 누구도, 아니 심지어 부모님까지도 진정으로 당신을, 당신의 본모습을 사랑하지 않는다고 의심한다.

그 진심 어린 눈빛이 떠오른다. 사실 당신은 그 눈빛을 본 적 있고, 내내 보고 있었다. 그는 언제나 진실한 행동으로 당신에게 말해왔다. 기대하지 않아도 된다고, 당신은 이미 진짜로 가졌으니까. 서둘러 확인하려 하지 말라고, 앞으로 많은 날이 남아 있으니까. 잠시 뜻대로 안 된다고, 잠깐 멀어졌다고 괴로워하거나 당황하지 말라고, 왜냐하면 사랑은 평생의 일이니까.

그 시끄러운 소리들은 사실 당신의 마음에서 나온 것이었다. 사랑 또한 당신의 마음에서 나오니까 말이다. 기대를 내려놓고, 저절로 뻗어나가는 판단을 내려놓자. 모순적인 생각, 서로를 공격하는 생각은 놓아주자. 당신이 실제로 보고 느끼는 것을 믿어야 한다. 상상하는 것, 그렇다고 여기는 것, 기대하는 것은 무시해야 한다.

진실하게 살아가고 진실하게 사랑하자. 상대방이

내는 목소리에 진실하게 귀를 기울이자. 그를 진실하게 바라보고, 그의 진실한 모습을 들여다보자. 자신의 욕구를 진실하게 마주하고, 가장 깊숙이 자리 잡은 자신의 두려움을 진실하게 끌어안자.

우리를 사랑하게 하는 것, 자유롭게 하는 것은 기대가 아니라 믿음이다.

조용한 거리를 걷다가 집으로 돌아왔다. 겁낼 것 없다. 가장 잘못되고 가장 우스꽝스럽고 가장 미치광이 같고 가장 불합리한 생각일지라도 고칠 기회는 얼마든지 있다.

'적응'에 관하여

　결혼이든 동거든 그냥 연애든, 공동생활에 들어서서 오랜 시간 함께 지내려면 적응이라는 문제가 생겨난다.
　적응은 단순히 치약을 어떻게 짜느냐, 빨래는 누가 하고 쓰레기는 누가 버리느냐와 같은 문제가 아니다. 이런 생활 속 세부 사항은 심리적 측면에서 맞춰가야 하는 더욱 복잡미묘한 문제다.

　가령 상대방의 말투나 표정, 작은 동작에서 '평소와 다른' '화난' '살짝 짜증 섞인' 기미가 보인다. 그런데 사람은 원래 날마다 좋은 상태일 수가 없다. 언제나 TV에 나오는 사람처럼 환한 모습일 수는 없는 법이다. 사람의 감정은 신체나 심리 상태에 영향을 받으며 오르락내리락한다. 가끔 상대방이 말을 좀 조급하게 하고 말투가 딱딱하고 단어 선택이 그다지 부드럽지 않다고? 원래 날마다 그런 게 정상이니 어쩌다 그렇지 않으면 휴가라고 생각하자. 감정이 어느 정도 안정되고 성숙해지면 알게 되리라. 반려의 길은 기나길다. 인내심과 의지가 필요하고, 날마다 미세한 조율이 필요하며, 심지어 계절에 따른 조정까지 필요하다. 사실 이런 것도 대수가 아니다. 진정한 반려생활에서 가장 중요한 것은 생활 방식이 잘 맞고 취미가 같고 뜻이 통하는 것이 아니라, 서로 존중하고 서로에게 자유를 주는 것이다. 존중에는 당신 마음에 들지 않거나 당신을 불편하게 만드는 부분까지 포함되어야 한다.(이를테면 그의 전 여친, 왠지 모르게 쎄한 느낌이 드는 친구, 당신이 도저히 좋아할 수 없는 기호, 당신이 보기에 건강에 해로워 보이는 생활 리듬.)

   자유는 '당신의 통제 포기'에 기반해야 한다. 지나치게 간섭하지 말고, 개인 물품을 뒤지지 말자. 상대가 말하려 하지 않는 사생활이나 크게 문제 되지 않는 대인관계를 캐묻지 말자. 당신은 '안전감'을 포기해야 한다. 그 안전감이 '연인의 자유를 통제함으로써' 느껴지는 거라면, 사랑에 대한 당신의 청사진까지 포기해야 한다. 가령 당신은 애인과 같은 침대를 쓰고 같은 시간에 잠자리에 들고 같은 시간에 일어나고 싶은데 상대가 내켜하지 않는다면, 존중과 자유의 원칙에 따라 먼저 자는 연습을 해야 한다. 이걸 가지고 '사이가 멀어졌다'고 여겨서는 안 된다.

상대에게 적응하려면 많은 걸 배워야 한다. 이때 전제 조건은 '신뢰'인데, 아이러니하게도 신뢰는 누가 당신에게 줄 수 있는 게 아니다. 신뢰는 '그가 날 사랑하는 게 분명해' '그녀는 나에게 상처 주지 않을 거야' '그가 나를 배신할 리 없어'라는 믿음이 아니다. 신뢰란 상대방의 어떤 인격적 특성을 믿는 것이다. 가령 당신과 연인이 맺은 감정에 대한 묵계는 '할 수 있는 한 최선을 다하고' '다른 사람을 좋아하게 되면 솔직하게 말하기로 약속한다'에 바탕을 둘 수 있다. 이러한 묵계 또한 깨질 가능성이 있지만, 그래도 오랜 시간 함께한 덕분에 우리는 믿을 수 있다. '왜 날 속였어'가 아니라 '말 못 할 사정이 있겠지'라면서 말이다.

사랑은 하루아침에 쌓이지 않는다는 걸 아는 것, 그

게 바로 믿음이다. 가끔은 반드시 상대방에게 '사랑 휴가'를 주어 그가 자신의 스트레스나 인생 계획을 잘 처리하게끔 해야 한다. 또 그가 아무 생각도 안 하고 멍하니 있으려 해도 그걸 '사랑이 식고' '감정이 옅어졌다'는 징조로 오해해서는 안 된다. 연인을 이해하는 우리는 휴식이 그에게 가장 좋은 선물임을 알고 있다.

사랑하면 누구나 살얼음판을 걷는 기분 아닌가? 그럴 때 관계 속에서 반려자가 줄 수 있는 것은 휴식이다. '오늘은 애써 나를 사랑하지 않아도 괜찮아.' '너 자신의 일에 집중하더라도 우리 사랑은 충분히 풍요로워질 수 있다는 걸 알아.'

이런 소소한 연습을 하려면 먼저 서로의 승인을 얻어야 한다. 무엇보다 평소 연인에 대한 이해를 차곡차곡 쌓아가야 한다.

사랑하는 사람을 이해하기란 사실 매우 어려운 일이다. 사랑은 우리를 '근심 걱정'으로 가득 채우기 때문이다. 하지만 이해는 관계에서 가장 중요한 부분이다. 우리 모두 상대방에게서 사랑과 이해를 얻어내느라, 미래를 계획하느라 바쁘다. 그러느라 사랑을 배우는 단계에서 가장 중요한 것은 자기중심에서 걸어나와 타인을 이해하려는 한 발짝이라는 사실을 놓치고 만다.

관계에 있어 가장 중요한 순간은 '사랑에 이상 조짐이 있는지 정탐하는' 마음을 '상대방 마음속 깊은 곳의 진정한 감정을 이해하기'로 돌릴 때다. 이는 연인에 관한 자료를 수집해 변심을 막고 나를 더 사랑하게 만들려는 목적이 아니다. 인생에서 흔치 않은 귀한 만남을 통해 함께 손잡고 나아가려는 게 진짜 이유다. 사랑하는 사람을 만난 것은 그 사람의 사랑을 얻기 위해서가 아니라, 이렇게 소중한 만남 자체를 위해서다. 이토록 정성을 쏟으며 당신과 함께하려는 사람이 있다. 당신은 그를 이해하려 하고, 자신의 입장은 배제한 채 그의 인생 여정에 송두리째 들어간다. 함께하는 시간이 길든 짧든, 한 사람을 진정으로 이해한다면 당신은 그 영혼과 깊이 맞닿는 체험을 할 수 있다. 그를 이해하기 때문에 자잘한 일에는 더 이상 신경 쓰지 않는다. 그를 이해할 능력이 있기 때문에 당신의 사랑스러운 면이 하나 늘었다. 그에게 존중과 자유와 이해를 주었기에 삐걱대는 부분이 있더라도 그의 본모습을 받아들이고 스스로도 편안해질 수 있다.

그러면 가끔 냉전 상태에 들어가도 불안하지 않다. 그를 믿고, 그가 준비됐을 때 말해주길 기다릴 수 있다. 그래도 조금도 화가 나거나 초조하지 않으며 부정적인 생각으로 관계를 망가뜨릴 일도 없다. 그냥 조용히 기다리기만 하면 되는 일이다. 당신은 알고 있다. 오늘이 가장 아름다워 보이는 하루는 아니겠지만, 사랑 속에서 편안하고 자연스러운 하루라는 걸.

'강자'에 관하여

 가끔 짜오찬런이 말한다. "여보야, 너무 열심히 하지 말고 좀 쉬어." 나는 들고 있던 책을 내려놓으며 흠칫 놀란다. "앗, 그러고 보니 좀 피곤한 것 같아."
 짜오찬런이 또 말한다. "그러니까 내가 맨날 아침 잘 챙겨 먹으라는 거 아냐. 몸 좀 돌보라고 일깨워주는 게 내 일이야."
 그녀의 말 속에 담긴 너그러움과 다정함에 뭉클해진다. 그 속에서 배어나오는 것은 지극히 깊은 이해다.

 젊은 시절 나는 추앙, 인정, 욕구와 사랑의 차이를 구별하지 못한 채 내가 생각하는 어떤 '강자'에게 매료되곤 했다. 그들은 대개 나에게 없는 어떤 특성을 지니고 있었다. 강건하거나, 운동을 잘하거나, 예술적 소질이 있거나, 인생 경험이 풍부했다. 그들의 삶은 멋지고 당당하거나 혹은 고통의 도가니였다. 그게 바로 그때의 내가 갈망하던 모습이었다.

사랑에 눈멀었던 나는 그 강자들을 붙잡으려고 필사적으로 애썼다. 그들이 나를 사랑한다면 그건 나도 그런 사람이라는 뜻이며, 나 또한 아주 멋진 사람임이 틀림없다고 생각했다. 아니면 연애를 통해 내 것이 아닌 그 모든 것을 내 것으로 바꿀 수 있을 거라 생각했다.

그러나 그럴 때, 강자는 걸핏하면 나를 아프게 했다.

자신감을 불어넣어주고 내가 좋은 사람임을 확인시켜주리라 생각했던 연애 과정이 나를 자기 혐오와 자포자기 상태로 몰아넣곤 했다. 그들은 '그들을 필요로 하는' 나와는 시종일관 달랐다. 처음엔 그들을 끌어당겼던 내 매력이 나중에는 오히려 단점이 된 것 같았다. 그런 연애에서는 내가 사랑을 받아도 만족감이나 안전감이 느껴지지 않았다. 그들이 나 같은 방식으로는 나를 필요로 하지 않았기 때문이다.

내가 사랑하는 사람은 나 같은 사람을 필요로 하지 않는 강자였고, 그러다보니 나는 내가 원하는 그런 사랑을 얻을 수 없다는 악순환이 거듭됐다.

귀신에 홀려 같은 자리를 맴도는 것처럼, 나는 '남을 필요로 하지 않는' 사람들에게 거듭 돌진하며 내가 사랑받을 가치가 없다는 걸 확실하게 증명했다. 진정 나를 필요로 하는 사람들은 오히려 나에게 멸시를 당했다. '닿을 수 없는' 것이 사랑의 최고 기준이 됐고, 사랑은 고통스러운 시험장이 되고 말았다.

아주 오랫동안 무슨 일이 일어났는지 모르고 있었다. 그 이상한 논리가 어디서 나온 건지 전혀 몰랐다. 결국 나는 함부로 대해지는 사람이 됐고, 그들은 처음엔 나를 헷갈리게 하다가 끝내는 버리고 마는 나쁜 사람이 되어 양쪽 다 상처를 입었다.

나중에는 상황이 거꾸로 됐다. 나는 약자를 버리는 강자가 됐고, 그러면서 나도 '남을 필요로 하지 않는' 사람임을 증명할 수 있었다.

인생의 시련을 차례로 겪고 힘겨운 성장 과정을 숱하게 거치며 오랜 세월을 보낸 뒤에야 비로소 이해했다. 사랑은 계산할 수 있는 것이 아니었다. 진정한 강자는 타인을 필요로 하지 않는 사람이 아니라 사랑하는 방법을 아는 이였다.

마침내 마음을 가라앉히고 평정심을 되찾았다. 더 이상 사랑은 내 가치를 증명하는 용도가 아니었다. 이제 나를 사랑하는 사람이 누가 됐든 나는 황제의 옷을 걸치거나 왕관을 쓴 기분이 들지 않는다. 그런 사랑이 나에게 플러스나 마이너스 요소가 된다고도, 사랑받는 것은 행운이고 사랑받지 못하는 것은 불운이라고 여기지도 않는다.

내 인생의 무거운 짐을 애인에게 지웠을 때 그들이 얼마나 당혹스러웠을지 나도 서서히 이해하게 됐다. 그때 그들은 '내가 도대체 어떤 어려움을 겪고 있는지' 이해할 수도 없고 그걸 감당할 방법도 없었을 것이다. 내가 강자로 여기던 그들에게 나 혼자만의 바람으로 기대고 의지하고 의탁했을 뿐, 내가 그들을 어떻게 사랑할지는 제대로 생각할 능력이 없었던 것 같다. 내 눈앞에는 과연 어떤 영혼이 있었을까.

어느덧 내 삶을 되돌아볼 수 있는 나이가 됐다. 이제 나는 그때의 상황을 차분히 되짚을 수 있으며, 그동안 풀지 못했던 난제를 이해할 수 있다. 사랑은 언제나 나 자신을 직시하게 만들 뿐이지 마술처럼 나를 즉각 구원해주는 존재가 아니었다.

나도 짜오찬런처럼 부드러운 사람이 되고 싶다. 강한 나를 내보이려 기를 쓰는 게 아니라, 상대의 연약함을 사랑하고 이기심을 포용할 수 있는 사람이 되고 싶다. 연인이 강해지는 과정에서 겪는 마모를 어루만져주고 싶다. 타인의 상처를 치유하는 사람이 되고 싶다.

이제 나는 뭐든 부숴버릴 수 있는 강자가 되고 싶지 않다. 상처받지 않을 만큼 스스로를 단련하고 싶지 않다. 부드럽고 유연하게 고통을 받아들이고 타인의 고통에도 공감하고 싶다. 자신에게 관대하며 타인에게 자애로운 사람이 되고 싶다.

내가 직접 보고 느낀 가장 강한 힘은 고독도, 거절도, 무시도 아니다. 제대로 사랑하는 법을 알고 진정으로 용감하게 실천하는 사람이 최강자다.

'불확실'에 관하여

　연인들을 괴롭히는 자잘한 일은 수없이 많다. 그가 날 얼마나 깊이 사랑할까? 그녀가 날 선택한 이유는 내가 그녀를 많이 사랑해서인가? 그녀가 진짜 좋아하는 스타일이 나 맞나? 한때 옛사랑 때문에 그렇게 슬퍼했는데, 지금도 그 사람을 많이 사랑하고 있겠지? ……언젠가 나보다 더 잘 어울리는 사람하고 사랑에 빠지는 거 아냐?

　연애 초기, 3개월쯤 지나 정식으로 사귄다고 할 만한 때가 되면 마음속에 '의혹'이 하나둘 떠오르기 시작한다. 이때쯤이면 대개 열애의 현기증에서 벗어나 이성적으로 돌변하는데, 안타깝게도 이성은 모두 '정탐'과 '의심'에 사용된다. 이제 상대의 마음을 읽던 신비로운 단계에서 '어쩌면 좋아? 그에 대해 아는 게 하나도 없네' 하면서 서로를 제대로 알아가려는 시기로 들어선다.

보통은 거듭 확인하려 한다. '그가 날 정말 사랑하나?' '그녀가 확실히 약속해줄까?' '우리가 오래갈 수 있을까?' 이 몇 가지 문제를 고민하느라 반년을 써버리는데, 그 뒤로도 똑같은 고민은 되풀이된다. 심지어 문제를 제대로 해결하기도 전에 다 아니란 걸 깨닫고 조용히 헤어지기도 한다.

나는 타인의 사랑이 진정한 것인지 어떤지 검증하는 방법은 알지 못한다. 내가 검증할 수 있는 것은 나 자신뿐이다. 사랑이 막 싹트기 시작할 때의 어느 신비로운 순간에, 그 속에 있는 두 사람 모두 자신을 잊고 하나가 되는 그런 순수함을 틀림없이 느꼈을 것이다. 그 순간 이미 진정한 사랑이 시작됐고, 그 뒤부터는 모두 사랑이 실현되는 과정이라고 생각한다.

사랑에는 진심이 필요하고, 사랑을 실현하려면 능력이 필요하다.

연인관계에 들어서면 오만 가지 문제에 맞닥뜨린

다. 부모의 반대를 무릅쓰고 독립할 능력이 없다거나, 장거리 때문에 힘들다거나, 전처의 그림자에서 벗어나지 못한다거나. 다행히 특별한 외부 문제는 없는데도 두 사람이 맞춰가는 과정이 특별히 힘겨운 경우도 있다.

부모든 거리든 전처든 아니면 서로의 생활 습관 문제든, 이 모든 게 천상에 있던 사랑을 인간계로 추락시킨다. 고통스럽고 다루기 힘든 이 구체적인 문제들은 눈앞의 현실인 데다 잔혹하다. 문제에 대처하는 행동과 말과 생각은 모두 두 사람이 만나기 전부터 쌓아온 각자의 인생 경험을 반영한다. 한 사람에게 사랑하는 능력이 있는지 없는지는 개인적인 행동뿐 아니라 상대방의 의심에 어떻게 반응하는지에서도 드러난다.

마음은 무한히 넓다 해도 능력에는 한계가 있다.

당신은 사랑이 자유라는 걸 알면서도 그가 다른 사람과 만날 약속을 하면 불안해진다. 사람은 누구나 독립적인 존재임을 알면서도 당신이 정한 절차대로 그가 착착 따르지 않으면 못 참고 간섭한다. 그가 당신을 사랑한다는 걸 똑똑히 알면서도, 이미 명백한 이 사랑에

서마저 '미래의 불확실성' 때문에 괴로워한다. 분명 자신이 성숙하고 너그럽고 지혜로운 사람이기를, 스스로 상상하는 것처럼 이성적이기를 바라는데도 어느 순간 감정적인 어린애처럼 행동하고 만다. 스스로에게 크게 실망한 당신은 자신이 '부족하다고' 의심하며 그의 사랑은 '오래가지 않을 거라고' 확신한다.

매사에 심사숙고하는 것은 좋지만, 의심과 불안을 떨쳐버리고 마음껏 몰입해야 하는 시간도 있다. 사랑 안에서의 중대한 질문을 하다가 끝내는 허무하고 허탈해질 수도 있다. '그녀의 사랑이 얼마나 오래갈까?' '그녀가 다른 사람과 사랑에 빠지면 어쩌지?' '그가 변심하면?' '바람났나?' '사랑이 식었는데도 우리가 한 서약 때문에 묶여 있는 거 아냐?'

나는 이런 생각을 더 많이 한다. 하지만 지금 그녀가 나를 얼마나 사랑하나. 내 두려움과 불안도 그녀를 사랑하는 마음에서 비롯된 거다. 무슨 생각을 하든 부끄러운 게 아니다. 정말 중요한 것은 이어지는 행동이다. 사랑할 때는 상대가 아니라 자신을 돌아봐야 한다. 바보 같은 질문들을 통해 내 마음속에 숨겨진 두려움을 꿰뚫어봐야 한다. 사랑이 뭘 보장해주진 않는다지만, 그래도 사랑은 얼마나 아름다운가. 바로 아무것도 보장하지 않기 때문에 우리는 언제나 사랑을 아끼고 지키려 하며, 사랑을 잃으면 슬픔에 젖는다. 다만 사랑은 변할 수 있다. 그렇기에 우리도 죽음의 문턱에서 돌아와 다시 사랑을 경험할 기회를 얻는다.

생각만 해도 기운 빠지는 현실적인 문제도 있고, 두 사람이 함께 마주해야 하는 난감한 과거도 있다. '돈' '일' '거처' '가족' 같은 문제에 변화가 생기려면 오랜 시간을 기다려야 한다.

때로는 우리가 스스로에게든 연인에게든 너무 엄격한 것 같기도 하다. 그건 우리가 아주 조심스럽게 사랑하면서도 신중하고 진지하게 앞날을 계획하기 때문일 것이다. 우리는 잔뜩 경계하는 그 마음 한 조각으로 미래에 숨겨진 '불확실성'에 맞서려 한다.

어떻게 말해야 할지 모르겠는데, 아무튼 지금 이 순

간은 당신에게 주어진 보상이다. 당신이 사랑하는 사람이 당신을 사랑하고 있다. 그가 어디에 있든 당신은 그 사실을 절대적으로 확신한다. 누군가가 그렇게 당신에게 마음을 활짝 열었는데, 안타깝게도 당신은 정확한 정보를 읽어내지 못한다. 그래도 이 세상에서, 이 순간에, 두 사람은 너무나 친밀하다. 영원토록 만족스러운 답을 얻지 못할 그 의문을 지우고 나면, 두 사람은 어제처럼 그렇게 행복할 것이다.

사랑에 관한 의문도 인생에 관한 문제도, 긴긴 삶을 살아가며 반드시 하게 되는 공부다. 그러나 사랑 속을 거닐 때만큼은 미리부터 입장을 정하지 말자. 상대방을 놓고 쓸데없이 추측하지 말자. 미래가 두렵다고 현재를 망가뜨리지는 말자.

가서 그의 손을 잡고, 차를 한 잔 건네주자. 그리고 그가 당신을 사랑하는 순간의 수정같이 투명한 눈빛을 떠올려보자. 두 사람이 처음 알게 된 순간을, 고백하던 순간을 떠올려보자. 첫 키스를 떠올려보자.

미래는 알 수 없다. 하지만 그가 당신의 눈앞에 생생하게 있는 이 순간이 바로 보상이다.

'두려움'에 관하여

 때로 당신 눈에 비친 당신 자신의 모습은 무시무시하다. 사랑이 한 짓이다. 갑자기 무슨 귀신에 씌었나, 마음속 가장 깊은 곳에서 더럽고 시커먼 물이 콸콸 솟아나듯 의심, 두려움, 질투, 상처, 잔인함이 온 마음을 오염시킨다. 길을 잃고 깊은 어둠 속으로 직진하는 자신을, 당신은 입이 떡 벌어지고 눈은 휘둥그레해진 채 보고만 있다. 자신에게 아직 그런 면이 있다니, 수치심과 경악에 휩싸인 당신은 '당신'이라는 존재의 머리와 입과 마음에서 자라난 것임이 틀림없는 말과 이미지 하나하나를 멍하니 바라본다. 거의 끝도 없이 이어지는 그 환영들을 슬프고도 무력한 눈으로 보고만 있다. 당신에게 이성이 있을 때는 말로든 행동으로든 절대 못 했을 것들이다.

  이게 사랑이라고? 생각하니 서럽기 그지없다.

  그게 사랑의 일부가 아니라고 말할 이는 아무도 없다. 평생 단 몇 번만 겪는 사람이든, 또는 연애만 했다 하면 이런 위기가 찾아오는 사람이든 말이다. 당신을 거의 순간적으로 왜곡된 시공간에 가둬버리는 것, 그게 대체 뭐지? 그것은 일찍이 존재했거나 어딘가에 나타난 적이 있다. 그것은 무언가에 뒤덮이고 복제되고 더럽혀질 때 만들어지는 어둠이자 잔혹함이며 슬픔이다. 그것은 대낮을 시커멓게 만들기에 충분한 힘이다. 그 힘에 휩쓸린 당신은 지금 자신이 어디에 있는지조차 모를 만큼 혼란스럽다.

  조각난 화면 몇 개만 나타나도 당신은 즉각 모든 걸 떠올린다.

  또는, 이미 수많은 암시가 있었는데도 정확하게 추측하지 못한다.

  그저 거센 타격을 입은 자신을 지칠 대로 지친 눈으로 바라보며 어떻게든 추스르려 애쓸 뿐이다. 폭풍우가 지나간 뒤에도 자신에게 선이라는 본질이 남아 있을 거라고 간절히 믿고 싶을 뿐이다.

하지만 친구여, 두려워 말기를. 주저, 공포, 분노, 슬픔은 당신이기도 하고 당신이 아니기도 하다. 그것은 어둠을 낳을 수 있는 심연인 동시에 환한 일출을 창조할 수 있는 골짜기다. 그것은 열등감이나 불안감, 두려움에서 비롯되었을 수도 있고, 오래전 또는 얼마 전에 한두 번 또는 여러 번에 걸쳐 생겨난 상처가 더 큰 원인일 수도 있다. 아마 그것은 당신이 사랑으로 가는 과정에서 겪는 가장 무서운(어쩌면 더 위험한) 시련일 것이다.

그렇다고 해서 지금 눈앞에 있는 그 사람이 당신을 미치게 만든다고 생각하진 말자. 그 사람을 버리고 이 상황에서 벗어나기만 하면, 사랑이라는 그 감정을 닫아버리기만 하면 더 이상 추악한 자신을 보지 않아도 된다고 생각하진 말자.

친애하는 친구여, 당신이 마주한 그 무력함과 폭풍우, 영혼이 산산조각 나기 직전에 싹튼 그 환각, 당신인 듯 아닌 듯한 모습들, 줄곧 피하려 애썼는데도 걸려

들고 만 그 함정과 덫은, 사실 당신이 사랑을 준비하고 있거나 이미 사랑을 하고 있다는 증거다.

폭풍우 속으로 들어가더라도, 살아서 걸어 나오는 거다.
포기하지 말자.
당신에게는 사랑할 자격과 기회가 있다. 당신은 타인과 관계를 맺을 수 있다.
당신은 여전히 아름다운 사람이다.

그 노부인은 말한다. "사랑은 세상에서 가장 신비롭고 위대한 일이지."

'다툼'에 관하여

 이따금 나는 우리가 수도 없이 충돌했다는 사실을 싹 잊어버린다. 우리처럼 깊이 사랑하는 연인에게도 험한 말을 주고받던 시간이 있었다. 싸우면서 모든 걸 파괴하는 말을 무심코 뱉었고, 어둠이 서로를 집어삼키는 장면을 목도했으며, 도저히 견딜 수 없는 가장 추한 내 모습을 목격했다. 터무니없는 망상에 사로잡혀 눈앞에 보이는 모든 게 환영 같았다. 모든 게 산산조각 났다고, 아름답고 좋은 것은 이미 깨져서 돌이킬 수 없다고 생각했다. 너무나 끔찍한 내 모습을 마주하자 겁에 질려 달아나고 싶었다. '사랑'이 진실을 비추는 가장 무시무시한 거울은 아닌지 의심스러웠다. 내 내면이 정말 그렇게 끔찍한 걸까, 아니면 내가 사랑하는 사람이 나를 미치게 만드는 걸까.

 무엇이 우리를 좌절하게 하고 무엇이 우리를 미치게 하나? 무엇이 우리를 사랑의 행복에서 고통의 지옥으로 빠뜨리나?

 이번에 떠나면 다시는 돌아올 수 없는 걸까?

 수많은 장면을 떠올릴 때마다 여전히 등골이 서늘해진다.

 그런 나를 보고도 너는 나를 사랑할 수 있을까?

 그런 자신을 보고도 나는 너를 사랑할 수 있을까?

 끝끝내 그 어둠의 숲을 지나가게끔 우리를 이끄는 것은, 역시 사랑이다.

 그래, 진정하자. 그리고 아직 꺼지지 않은 마음속의 작은 불꽃을 지키자. 그 조그만 불꽃을 지켜내자. 그 미약한 불꽃은 진짜 금과 같다. 그것은 맨 처음이다. 아직 무너지지 않은 자신이다. 모든 상처가 생겨나기 전이다. 혹시 상처가 이미 생겼다 해도 절대 파괴할 수 없는 것이다. '선'의 가능성을 진정으로 믿는 그 마음이, 수많은 악몽을 통과해 여기까지 오는 동안 우리를 보호해주었다. 인간 세상에서 가장 무서운 슬픔,

파괴, 광기, 절망을 지나도록 나를 지탱해주었다. 그리고 우리가 여전히 살아가게 해주었다. '생명'을 믿는 믿음, 그 미미한 믿음이면 충분하다. 그 믿음이 있다면 당신은 분명 사랑받을 가치가 있고 사랑할 자격이 있는 사람이며, 한때 사랑을 했고 또 사랑받았던 사람이다.

차분한 마음으로 폭풍우가 지나가기를 기다리자.

입 밖으로 튀어나온 말들, 격한 감정이 만들어낸 말들, 상처 주는 말 같지만 사실은 구해달라는 말들, 글자마다 숨어 있는 형언할 수 없는 깊은 사연들, 분노로 위장한 슬픔들, 쉼 없는 고함 같지만 사실은 '멈추라'는 신호들, 타인을 끊임없이 찌르지만 사실 자신을 죽이는 것들, 스스로를 놓아주지 않는 의문들, '나는 행복할 수 없다'는 증거들.

그때 만약 누군가가 당신을 꼭 안아주며 "괜찮아, 괜찮아" 하고 위로했다면, 누군가가 "사실은 그게 아닌 걸 알아"라고 말해줬다면, 거대한 손이 시간을 멈추듯 '모든 것을 다시 시작할 수 있다면', '모든 잘못을 사라지게 할 수 있다면', 그럴 수 있다면…….

그런 일은 없다. 하지만 괜찮다. 마음을 가라앉히고 자신을 받아들이자. 자신을 보호해주자.

그렇게 마음속 작은 불꽃을 지켜내자. 그리고 스스로에게 말해주자. "난 이 모든 걸 헤쳐나갈 수 있어."

사랑은 힘겹다. 삶은 잔혹한 공부다. 그 누구도 무언가를 보장해주진 않는다. 행복과 평온은 끊임없이 고쳐 써진다. "그런데도 아직 믿을 게 남아 있다고?"

어떤 것은 진짜고 어떤 것은 가짜다. 어떤 것은 아름답고 어떤 것은 추하다. 불운은 왜 항상 나를 따라다닐까? 행복이란 정말 불가능한 건가? 가장 무서운 것은 역시 나 자신의 광기를 마주할 때다.

그것들은 사랑의 변형이다. 그것들은 우리가 사랑을 경험할 때에야 소중히 재회하게 되는, 생명의 가장 약한 부분이다. 우리가 상대에게 마음을 주는 것은 보호받기 위해서가 아니다. 그래야만 우리가 타인의 삶을 진실하게 만날 수 있기 때문이다. '보장받을 수 없고' '기대할 수 없고' '상처받을 수밖에 없고' '실망할 수밖에 없는' 일이 거듭되는 과정에서 우리는 강인해지는 법을 차츰 배워간다. 삶이란 얼마나 복잡한지 알게 된다. 사랑에 의지할 수 없다는 사실을, 또한 사랑에서 가장 소중한 부분은 상대방을 소유하는 것이 아니라 나 자신을 이해하게 되는 것임을 서서히 깨닫는다.

몹시 어려운 일이다. 시간이 걸리는 일이다. 고통을 피할 수 없는 일이다.

평생에 걸쳐 해야 하는 일이다.

하지만 그러면서 당신이 해야 할 일은 마음속 작은 불꽃을 지키는 것, 그것을 꺼뜨리지 않는 것뿐이다.

그 사랑들은 진짜였다. 단 1초만 존재했을지라도 진짜였다. 손가락 사이로 새어나간 모래처럼 잠깐 스쳐 간 촉감만 남아도, 그것은 진짜였다. 미래는 알 수도, 예측할 수도, 장악할 수도 없다. 괜찮다. 그래도 용감하게 살아나가자. 변형됐더라도 다시 아름다워질 수 있는 내 능력을 응시하자. 그것은 그 어떤 험한 악담으로도 바뀌지 않는다. 그럼 상처받고 절망하고 이미 뜨거운 불길에 그을린 사랑은, 깨진 거울처럼 되돌릴 수 없는 사랑은, 어떻게 해야 행복해지는지 알 수 없는 사랑은 어떻게 하나?

괜찮다, 그 파편을 맞이하고, 불길을 향해 두 팔을 뻗어 마지막 남은 작은 것을 구해내자. 한때 사랑이었던 그것, 불길에도 타버리지 않는 그것, 당신 마음속에 존재하는 더없이 소중한 그것을.

어떤 일을 겪었든, 당신이 어떤 모습으로 변했든, 누군가는 결국 당신을 알아볼 것이며 당신은 언제나 스스로를 알아볼 수 있다. 그리고 자신에게 이렇게 말할 수 있다. 이게 나야. 지금은 사랑 때문에 많이 아프지만, 희망을 버리진 않을 거야.

'맞춰주기'에 관하여

 아버지는 성격이 불같았다. 겉보기엔 사나웠지만 마음은 착한 그런 분이었다. 전형적인 타이완 남자처럼 평소에는 과묵한데 입을 열었다 하면 욕이었고, 기분이 좋든 나쁘든 목청을 높였다. 아버지가 얼굴 한번 찌푸리면 개와 고양이도 잠잠해졌다. 어머니는 아버지와 좀처럼 싸우지 않았지만 당연히 속상하고 억울한 일이 있었다. 가끔 집에 가면 어머니가 조용히 투덜거렸다. "저 양반이 날 정신적으로 학대한다니까."

 나는 아버지와 어머니를 사랑하지만, 어릴 때부터 이런 환경에서 자라다보니 눈치 보는 버릇이 생겼다. 어머니는 타고난 성격이 무난하고 활달한데 나는 신경

질적이고 예민했다. 사랑을 알게 된 나는 깊고 오래가는 관계를 바라며 줄곧 연인에게 '맞춰주려고만' 했다. 내 감정과 욕구를 표현하지 못하고 늘 연인을 만족시키려 하면서 상대의 감정만 더없이 중요하게 여겼다. 연인이 조금이라도 기분 나쁜 기색을 보이면 나는 자포자기에 자기 파괴까지 더해져 위태로운 긴장 상태에 놓이곤 했다.

이별의 이유는 다른 데 있지 않았다. 내 나약함과 비겁함을 도저히 견디지 못해 헤어질 수밖에 없었다.

사랑은 내 결핍과 두려움과 상처를 보게 만들었다. 연인은 내가 겪는 일을 거울처럼 비춰 보였다. '내면 상황극'은 내 경험의 반격이었다. '집착과 고집'은 아직 치유되지 않은 묵은 상처에서 비롯된 방어기제였다.

달아나는 것은, 나를 파괴하고 남까지 파괴하는 생존 방식이었다.

"맞춰주려 하지 마." 나는 스스로를 일깨웠다. 그건 사랑을 배우지 못하게 한다. 오히려 자신에게 해를 끼친다.

'맞춰주지 말자.' 그건 내가 사랑받을 자격이 없다고

느끼게 할 뿐이다. 상대가 나를 진심으로 사랑해도 끝내 진짜라는 확신을 못 한다.

'맞춰주지 말자.' 상대방을 제대로 이해하고 올바르게 사랑해야지, 두려움 때문에 사랑해선 안 된다.

잃을까봐 두렵고 다툴까봐 두렵다. 연인이 실망할까 두렵고 나 자신이 실망할까 두렵다. 자유를 잃을까봐 두렵고 믿음을 잃을까봐 두렵다. 그러다 결국 자아를 잃고, 사랑마저 잃고 만다.

'맞춰주지 말자.' 그런 행동이 어떤 건지 분간할 수 없다면, 당신은 상대가 왜 그렇게 당신에게 상처 주는 말을 거리낌 없이, 수없이 내뱉는지 몰라 계속 답답할 수밖에 없다. 사랑하려 애쓰던 당신은 어느 깊고 고요한 밤에 우울하게 생각한다. 나는 왜 이 모양이지? 왜 사랑이 사람을 이렇게 지치게 할까?

사랑은 쉽게 오고 쉽게 생겨난다. 같은 실수를 되풀이하기도 쉽다. 그런데 자신감 있고 독립적인 사람이 되기란 어쩌면 이리도 어려울까. 자유롭게 사랑하면서 사랑하는 사람을 자유롭게 해주는 건 아무리 봐도 불가능한 임무 같다.

'맞춰주지 말자.' 상대에게 맞춰주는 행동이 어떤 건지 분간할 수 없다면, 심지어 '노'라고 말할 능력도 없다면, 무슨 일을 말해야 하거나 언제 말해야 하는지도 모른다면, 무엇을 수락하고 무엇을 거절해야 하는지 모른다면, 세월이 흐르고 나이가 들면서 사랑에 실망하는 자신을 어렴풋이 느끼게 된다. 사랑이 당신을 행복하게 해주는 게 아니라 불안하게 만드는 것 같고, 한껏 사랑했다가는 결국 '자아를 잃어버릴' 것 같다. 모든 것이 혼란스럽기만 하다.

'맞춰주지 말자.' 나는 늘 스스로에게 말해왔다. 자연스럽게 사랑하라고, 내 능력 안에서 헌신하라고. 사랑하는 마음은 무한하지만, 사랑하는 능력은 현실에서 갖가지 제약을 받는다. 틀린 말이 아니다. 우리는 사랑을 배우는 중이고, 사랑을 배우는 과정에서 일어날 수 있는 다툼과 의견 차이까지 배우는 중이다. 거절을 받아들이고 실망을 감내하는 법을 배우는 중이다. 외부 반응이 나에게 끼치는 영향 가운데 '내가 받아들여야 하는 것'을 정확히 찾아내는 법을 배우는 중이다. 마음껏 사랑한다는 건 적당히 같은 실수를 반복하며 실패로 향하는 과정이 아니다. 사랑이 얼마나 귀하고 귀한데, 낭떠러지 앞에 선 것처럼, 살얼음판을 걷는 것처럼 조심스러워야 한다.

하지만 그건 '눈치를 살피는' 게 아니다. 신중하고, 정중하고, 조심스럽고, 염려하는 태도는 상대의 비위를 맞추려는 게 아니라 정확히 반대되는 행동이다. 경각심을 잃지 않고, '자유'와 '자신감'을 전제로, '내 능력 안에서' 제대로 사랑하고 사랑받는 법을 차츰차츰 배워가려는 태도다.

'맞춰주지 말자.' 세상에는 '억지로 애쓸수록 손에 넣을 수 없는' 것이 수없이 많다. 사랑도 그중 하나다. 그런데 상대에게 맞춰주지 않는다면 어떤 식으로 잘해줘야 할까?

상대에게 모두 다 맞춰줘야 한다는 짐은 내려놓자. 눈치 보며 행동하는 버릇도 내려놓자. 사랑하는 사람에게 필요한 용기는 자포자기에서 나오는 것도, 맹목적인 자존심에서 비롯되는 것도 아니다. 합리적이면서 자연스러운 이해에서부터 시작되며 마음속에 대들보를 세워둔 것처럼 흔들리지 않는다. 그래, 나는 사랑을 배우러 왔고, 천천히 해도 된다. 안색이 안 좋잖아? 말투가 좀 거친데 내가 미워서 저러나? 설마 내가 별로인가?

내면극의 소리는 그만 꺼버리자. 사랑은 너무나 신비롭다. 사랑하면서 첫 번째 원칙은 있는 '사실'만 논하는 것이다.

연인의 바뀐 안색은 그저 조용히 바라보면 된다. 저 멀리 노을에 물든 구름을 바라보듯, 변덕스러운 날씨를 지켜보듯 말이다. 그저 기다리면 된다. 큰비가 그치기를, 싸늘한 바람이 지나가기를, 때로는 혹독한 겨울이 완전히 지나가기를…….

맞춰주지 말자. 당황하지 말자. 하기 싫은 일을 억지로 하지 말자. 마음에 없는 말을 하지 말자. 그냥 조용히, 시간이 흘러가기를 기다리자.

그렇게 지나갈 수 있다.

'위험지대'에 관하여

 계속 이어갔다간 위험해지는 관계도 있다. 마음을 다치지 않으면 몸을 다치고, 심할 경우 서로를 잔인하게 죽일 수도 있다.
 젊은 시절에 했던 연애 얘기다. 몸도 마음도 상처 입은 관계를 끝낸 직후에 W를 만났다. 외로웠던 나는 상대의 싱그러움과 사랑스러움이 탐났고, W가 사귀자기에 바로 동의했다.
 그런데 W는 깊이 알게 될수록 도저히 받아들일 수 없는 상대라는 걸 금세 깨달았다. 함께하기 시작하자 너무너무 힘들었다. 싸웠다 하면 하늘을 집어삼킬 듯 거센 파도가 일었다. W는 우울에 잠겼다가 광적으로 난폭해지곤 했고, 나중에는 나까지 정신과 진료를 받아야 했다. 그 감정이 1년 반 동안 얽히고설키며 심각한 충돌과 위협을 숱하게 겪었다(W는 자해하거나 남을 해치려 했다). 내가 왜 그의 곁에 남아 있는지 점점 더 알 수가 없었다. 도저히 벗어날 수 없게 만들던 그의 말솜씨가 지금도 기억난다. W에게 내 도움이 필요하다는 건 알지만, 이런 관계 속에서 나는 도울 방법이 없었다. 어쩌면 내 사랑이 부족했는지도 모른다. 지금의 나라면 흔들리지 않는 사랑으로 모든 걸 지켜낼 수 있었을까? 하지만 그런 사랑은 아마 부모님만이 줄 수 있을 것이다. 나로서는, 정서적 문제가 심각한 사람이 옆에 있으면 나까지 혼란에 빠질 뿐이었다. 아무래도 내 능력 밖이었다.

그건 내가 겪은 모든 관계 중에서 가장 악몽 같았다. 늘 신경이 곤두서 있고 어딜 가도 불안했으며 집에서도 긴장의 끈을 놓지 못했다. 그는 나에게 '그렇게 안 하면 날 사랑하지 않는 거야' '네가 내 인생을 다 망쳐놨어' '어떻게 날 사랑하지 않을 수 있어'라는 기괴한 최면을 걸었다. 한편으로는 내가 진짜 악랄한 사람, 가해자, 약자라고 믿게 만들었고, 다른 한편으로는 "내가 아픈 걸 처음부터 알았으면서 이제 와서 버리겠다고?" "그래, 나 같은 사람을 누가 사랑하겠어"라는 말로 동정심을 불러일으켰다. 동정심이 들면 처음으로 돌아가 똑같은 상황이 또다시 되풀이됐다.

상처 입은 사람은 가장 위험한 존재다. 약자도 마찬가지다. 그들은 자신의 육체를 기꺼이 제물로 삼는다. 물에 뛰어들어 부목 하나만 꽉 움켜쥐려 한다. 사랑을 요구하는 사람에게 자기 목숨을 걸면서 손을 내민다? 그건 그 사랑을 책임지겠다고 인정하는 거나 다름없다. 그는 언제든지 당신을 물속으로 잡아끌 것이다.

도저히 감당할 수 없는데 어쩌란 말인가?

뭐가 조금만 뜻대로 안 돼도 W는 하루 종일 울며불며 하소연을 했다. 내가 최선을 다해 돕지 않으면(나로서는 도저히 도울 수 없는 일이라 해도) 그는 더 강하게 나를 몰아세웠다. 헤어지자고 했다가는 '그가 자살할지도 모른다'는 그림자에 늘 짓눌려 살았다. 내가 출장 중이라 곁에 없으면 그는 전화로 난동을 부렸다.

온 세상이 그에게 상처를 입혔다. 하지만 희생양은 나였다.

그때의 나는 너무 나약했다. 할 수 있는 일이라곤 계속해서 다른 사람에게 도움을 청하며 탈출할 방도를 찾는 것뿐이었다. 그러면 이번에는 '외도'라는 죄목에 걸려들었다. 그는 감정이 더 격해졌고, 나는 더 도망치고 싶어졌다.

돌이켜보는 것조차 힘겹다.

그 당시 나는 상의할 만한 누군가를 찾아볼 생각은 하지도 못했다. 내 잘못이라면서 오로지 나만 탓했다. 진심으로 그를 받아주지 못한다며, 포용하지 못한다며, 감당하지 못한다며 나를 탓했다. 그래서 참고 또 참으며 하루하루를 버텼다. '나에겐 사랑할 능력이 없다'는 의구심을 떨치지 못했다. 그러면 W는 이런 내 고민을 나를 통제하는 수단으로 삼았고, 자꾸만 나를 악마화하며 떠날 명분을 찾지 못하게 만들었다. "날 떠나겠다고? 그건 너에게 사랑할 능력이 없다는 걸 증명하는 거야."

그의 자해 행동을 숱하게 마주했다. 그가 창틀에 서

서 뛰어내리겠다고 할 때면 내 인생에 아무런 희망도 보이지 않았다. 끝까지 그와 함께해야 할 운명 같았다.

하룻밤의 충돌이 끝나고 간신히 잠든 어느 날이었다. 새벽에 이상한 소리가 들려 깼다. W가 섬뜩한 미소를 띤 채 내 얼굴을 베개로 짓누르더니, 베개에 주먹을 퍽퍽 내리꽂기 시작했다. 나는 온 힘을 다해 발버둥 쳤다. 그가 나를 질식시켜 죽이려는 줄 알았다. 그런데 그는 그냥 그렇게 때리기만 했고, 베개 때문에 많이 아프진 않았다.

다치진 않았어도 정신적으로는 적잖은 충격을 받았다. 얼마 뒤 그는 깊은 꿈에서 막 깨어난 것처럼 큰 소리로 울음을 터뜨렸다.

뜻밖에도 나는 마음의 짐을 내려놓은 기분이었다. 얻어맞았으니 이제 벗어날 수 있겠구나 싶었다.

나는 그의 가족에게 연락해 그와 그의 짐을 가져가라고 했다.

그렇게 그와 헤어졌다.

지금 쓰면서도 실감이 잘 안 나서 더 자세히는 쓸 수

가 없다. 여전히 등 뒤에 서늘한 두려움이 있다. 나한테 그런 일이 실제로 일어난 것인지 혼란스럽다. 그 일을 겪고 나서 아주 오랫동안 내가 사랑할 수 있는 사람이라는 걸 믿지 못했다. 그가 세뇌하듯 내 머릿속에 입력한 끔찍한 말들을 떨칠 수가 없었다. '진짜 형편없고 무책임하고 무정한' 사람이라는 화려하고도 날카로운 수식어는, 지금과는 달리 스스로를 믿지 못하고 인간성과 사랑이라는 복잡한 것을 이해하지 못하는 젊은 시절의 나를 왜곡시켜버렸다.

 연인은 병을 치료해주는 사람이 아니라는 걸 나중에야 알았다. 누군가 당신에게 '지나친' 요구를 한다면, 그걸 다 채워주지 못한다고 자책해선 안 된다. 공감을 다른 사람이 당신을 '조종'하는 도구로 쓰게 해선 안 된다. 처음에는 사랑했지만 나중에는 사랑하지 않게 돼서 헤어지려는 마음은 사랑하면서 아주 자연스럽게 일어나는 일이다. 심지어 이유도 필요 없다. 사랑은 자유롭다. 당신을 떠나지 못하게 한다면 그건 상대방 잘못이다.
 사랑할 때 서로를 부목으로 여겨선 안 된다는 걸 나

중에야 알았다. 연인에게 어머니나 아버지, 자신을 보살펴줄 완벽한 어른 역할을 맡겨선 안 된다. 의사 역할을 기대하는 건 더 안 될 일이다. 연인은 연인일 뿐, 서로가 평등한 생명체다. 두 사람은 연애하는 과정에 있을 뿐, 서로 약속했더라도 관계를 끝낼 수 있다. '사랑해'라는 말을 '평생 네 곁을 떠나지 않을게' '영원히 널 보살펴줄게'라고 여기는 것은 가장 명백한 잘못이다. 상대방이 나를 돌봐주기로 약속했다 해도, 그 마음에 고마워하며(실현되지 않는다 해도 그 마음의 진정성은 훼손되지 않는다) 스스로를 더 잘 보살펴야 한다. 상대의 역량이나 의지가 부족하다면, 상대가 포기하거나 떠나고 싶어한다면, 그때는 눈물을 머금고 보내주는 수밖에 없다. 위협하고 강요하고 울며불며 매달리는 것은 사랑을 더 멀리 밀쳐낼 뿐이다.

나에게 사랑하는 능력이 부족하더라도 "그래, 나는 사랑할 능력이 없어"라고 인정하면 된다는 걸 나중에야 알았다. 나는 남에게 그런 폭력을 가한 적은 한 번도 없고, 적어도 내가 부족하다는 사실만큼은 잘 알았다. 그 자책을 그렇게 오랫동안 떠안고 있어서는 안 되었다. '타인이 쉽게 나를 정의하게 놔두지 말아야 한다'는 걸 이제는 안다. 설령 그 사람이 애인일지라도, 내 마음속에서 내가 내린 가장 기본적인 평가는 지켜야 한다. 사랑은 위험하기 때문이다. 많은 사람이 사랑이라는 이름으로 사실은 상처 주는 행동을 하기 때문이다.

우리는 사랑을 위해 노력할 수 있다. 다만 사랑으로 타인을 구원할 수는 없다. 사랑은 나 자신을 비추는 일이다.

위험에 빠진 연인은 제대로 도움을 청해야 한다. 가족, 친구, 의료진, 상담사 등 외부 지원이 필요하다. 둘러보면 비극이 일어나기 전에 도움을 청할 만한 사람들이 있을 것이다.

위기에 처해 있나? 도움을 청하라! 남을 탓하지 말고, 나를 탓하지도 말고.

'소유'에 관하여

 사랑이 싹틀 때는 다들 확고하게 믿는다. 모든 어둠이 환하게 밝혀질 거라고, 말하지 않아도 서로를 이해할 수 있다고, 너는 내 것이고 나는 네 것이라고, 우리 사이에 끼어들 수 있는 건 이 세상에 아무것도 없다고. 그래서 우리는 늘 갓 사랑에 빠진 뜨거운 상태를 유지하고 싶어한다. 내 안의 문제들이 약 없이도 싹 해결된 것 같고, 스스로가 괜찮은 사람 같고, 다시 태어난 기분이 드니까 말이다.

 '그림자'는 때때로 가장 행복하다고 느낄 때 드리워진다. 그 '불안한 위협'은 '전 연인' 또는 '방금 일상에 발을 들인 낯선 사람'에게서 오기도 하고, '정말 사랑스러운 누군가'라든지 '새로 사귄 그 친구'에게서 오기도 한다. 적은 어디에나 있다. 상상 속에도 있고 과거의 경험에서 오기도 한다. 뜨거운 사랑의 열기 속에서도 정신이 번쩍 들면서 '파국이 임박했다'는 생각이 머릿속을 강타한다.

 그것은 아무 소리 없이 마음 한켠을 스쳐가는 먹구름 같다. '다른 사람을 사랑할 수도 있지.' '영원히 나만 사랑할 수 있겠어?' '다른 사람을 사랑하게 된 거면 어떡하지?' '그러면서 나한테 말을 안 하면?' '그래, 사랑은 뭘 보장해주는 게 아니잖아. 그러니까 내가 지금 떠나는 게 나아.'

 초기 증상은 '사랑한다' '오직 나만 사랑한다' '나를 속이지 않는다'는 사실을 증명하라고 끊임없이 요구하는 것이다. 뒤이어 서서히 '정탐'이 시작되면서 '우리 사이는 아무도 깨뜨릴 수 없다' '그에게 마음이 없어도 아무튼 잘해주지 않겠다'는 약속을 강요한다. 그러다 자신이 비이성적으로 사고하고 행동하기 시작했다는 걸 불현듯 깨닫고는 이런 생각에 휩싸인다. '어머나, 나 왜 이렇게 속이 좁지. 그가 싫어할 텐데.' '왜 날 불안하게 해. 왜 사람을 이렇게 찌질하게 만드냐고.' '내가 왜 이렇게까지 간섭해야 되지?' 그러면 상대방은 보통 "뭐가 그렇게 불안해?"라고 묻거나 좀더 부드럽게 돌려 말한다. 속마음을 이렇게 정확히 들키다니, 너무 끔찍하다. 하지만 자신의 문제를 직면하고 싶진 않다. 어쩔 수 없이 두 사람의 관계 또는 상대방에게 문제가 있다고 떠넘긴다. 마음속에서 시기, 질투, 의심, 소란, 혹은 고요한 붕괴가 일어난다. '예전에 내가 다 겪어봤거든.' '이게 바로 육감이란 거야.'

자신의 불안감과 '소유욕'을 인정하기란 쉽지 않다. 많은 사람이 그걸 '사랑의 증거'로 여긴다 해도 마찬가지다. 어쩌면 그걸 자신의 성격적 결함이나 자신감 부족으로 받아들이기 싫어서 어쩔 수 없이 이렇게 합리화하는 것인지도 모른다. '이게 다 내가 너를 너무 사랑해서 그런 거 아냐.'

젊은 시절에 나는 소유욕에 시달리는 일이 거의 없었다. 일찌감치 훌륭한 해법을 찾아냈기 때문이다. 나 자신이 남에게 안전감을 줄 수 없는 사람이었기에 상대방은 늘 소유욕으로 괴로워했다. 이때 나는 사랑받는다는 느낌을 얻었고, 다른 한편으로는 내 '인격적 결함이 폭로되는' 상황도 피할 수 있었다. 연인이 변심할 가능성에 대비하는 방법은 바로 '상대보다 더 빨리 변심할 수 있는' 위치를 점하는 것이었다.

도대체 어디서 이런 방어기제를 배운 건지 모르겠지만, 어느덧 10년 넘게 작동시켜온 터라 방어를 풀면 끝없는 걱정과 두려움이 밀려들었다. 게다가 실제로 내가 착한 사람 역할을 맡으면 '제대로 당한다'는 사실이 입증되면서 끝장나곤 했다. 배신하지 않으면 배신당하는 것이다.

과거의 나는 이 상황의 전후 사정이나 인과관계를 전혀 이해하지 못했다. 문제를 직시하며 해결할 생각은 않고 그냥 '누군가를 소유하지 않고 누군가에게 소유되지도 않는다'는 말을 부적처럼 여겼다. 나에게 소유욕이 싹트고 있다는 걸 알아차리면 그대로 도망쳤다.

그러느라 20년간 쉼 없이 연애를 하면서도 사랑을 배우지 못했다. 사랑은 시작할 때만 아름다웠다가 금세 '방어기제' 대전으로 변하곤 했다. 사랑을 이어가고자 애쓰는 게 아니라 상처받지 않기만을 바라고 있었으니까. 어떻게 사랑하느냐가 아니라 어떻게 하면 사랑을 잃지 않고 자존심을 잃지 않느냐에 골몰했으니까. 좋은 애인이 되는 법을 배우려는 대신 매번 '나를 제대로 사랑해줄 사람이 있다'는 걸 증명하려 애썼으니까. 사랑을 충만하게 하는 법이 아니라 사랑이 '변하지 못하게' 통제하는 법을 배우려 했으니까. 상대를 이해하려 노력하진 않고 상대가 나를 이해해주기만을 바랐으니까. 건강하게 사랑하는 능력을 키우고 쌓으려 애쓰기는커녕 '무너뜨리고' '칼을 꽂고' '스스로를 파괴해'가며 '역시 진정한 사랑은 없어' '나는 외로울 팔자야'라는 걸 증명하려 했으니까.

내가 완벽하지 않다는 사실을, 심지어 형편없다는 사실을 인정하자. 그건 자포자기하는 게 아니다. 예전 습관을 고치지 않고 묵은 상처를 마주하지 않으려는 핑계도 아니다. '나 같은 사람의 운명은 정해져 있다'는 면책권은 수십 년이 지나도 우리를 한 뼘도 성장시키지 못한다.

하지만 소유욕은 조급하고 맹렬하게, 너무나 당연하고 당당하게 들이닥친다. 불안감은 연인들의 마음속에서 정기적으로 상연되는 연극이다. 이 둘은 서로 의지하며 쑥쑥 자라난다. 바로 그때 사랑이 '아름답지 않게 보이기' 시작한다. 게다가 끔찍하게도, 소유욕과 불안감에 휩싸인 우리는 '계속 말썽을 일으키는 사람'처럼 보인다.

어떻게 해야 하나? 안전감은 남이 줄 수 있는 게 아니고 소유욕은 치료법도 약도 없는데 어쩌란 말인가? 내가 영원히 사랑스러울 수 없다는 건 애초부터 알았다. 하지만 의심 속에 살면서 '통제광'이 되고 '속좁은 인간'이 되고, 그럴수록 더더욱 미움받는 것 같은데 도대체 어떻게 해야 하나. 믿음만으로는 부족하다. 무엇을 믿어야 할지 모르기 때문이다. 사랑을 이어가기 위해 어쩔 수 없이 믿음을 택하지만, 결국은 그 '믿음'이 우리를 아프게 하고 만다.

그럼 뭘 믿어야 하나? 사랑은 우리를 아름답게 하지만, 우리의 추한 면도 드러내 보인다. 이게 바로 사랑의 가장 불가사의한 부분이다. 아름다운 면만 보고 사랑의 힘을 얕잡아본다면 사랑은 우리를 전쟁터로 내몰고 만다. 우리가 살아오며 쌓은 것들을 똑바로 마주하게 할 뿐 아니라 타고난 문제들까지 직면하게 한다.

사랑이 굳건하고 영원하며 우리를 보호해주기에 이런 시험을 거치는 것이 아니다. 그보다는 사랑이 연약하고 덧없고 변덕스럽기 때문이다. 사랑이 방구석에 자리 잡은, 영원히 고장 나지 않는 기계 같은 거라면? 그러면 연인 사이에 놓인 모든 장애물이 치워질까? 그저 마음이 통하고 서로 잘해주기만 바라게 될까? 사랑이 '네가 나를 사랑하니까 네 모든 것은 내 거야'라는 소유욕에 불과하다면? 그래도 인종·나이·성별·종교의 장벽을 뛰어넘고 심지어 목숨까지 아끼지 않을 만큼 사랑이 아름다울 수 있을까? 사랑이 그저 '지금 이 순간부터 영원히 헤어지지 않는다'는 계약이라면? 그래도 사랑하는 사람으로 인해 내 삶이 요동치고 활짝 열리는 경험이 가능할까? 누구도 비틀어 열지 못했던 마음속 장치가 어둠 속에서 빛이 되어 스며나오며 삶에 자유를 선사하는 일이 가능할까?

  무엇을 믿어야 하나? 사랑이 축복이며 자유라고 믿고 있다면, 내면의 두려움 앞에서, 내 행복이 쪼개져 다른 사람한테 가면 어쩌나 하는 걱정 앞에서, '언젠가는 그가 나를 사랑하지 않는 날이 올지도 모른다'는 위험 앞에서 우리는 또 무엇을 믿을 수 있을까?

나 자신이 해본 경험이다. 마음속에서 솟구치는 소유욕에 흠칫 놀랄 때, 그런 말이 내 입에서 나올 리 없다고 생각하면서도 '실제로 입 밖에 내버렸을' 때, 애인이 곁에 없을 때, 악몽에 시달릴 때, 마음속에 존재하는 그 거대한 불안감이 눈앞에 나타날 것이다. 그래도 고개를 돌리지 말자. 달아나지 말자. 곧바로 정의 내리지 말자. 그냥 가만히 지켜보자.

이는 생사 여부를 즉각 판가름하는 사랑의 시험이다. 이를 통해 우리가 같은 실수를 반복하느냐 마느냐, 배우려는 사랑을 포기하고 자신을 보호하느냐 마느냐가 결정된다. 내 말뜻은 지켜보라는 것이지 거기서 허우적거리고 있으라는 게 아니다. 나 자신의 광란과 고통과 슬픔을 그냥 가만히 지켜보자. 엉클어진 실타래를 풀어가듯 인내심을 갖고 조금씩 조금씩 정리하자.

한 번에 조금씩 풀어내자.

그럴 때 우리는 사랑의 전제가 축복이며 사랑은 자유라는 걸 똑똑히 알게 된다. 타인을 옭아매는 것은 자신을 옭아매는 것이며, 더 많은 사랑을 받는다 해도 우리에게 자신감을 불어넣진 못한다는 사실을 분명히 인식한다. 감당하기 힘든 고통이 느껴진다. 사랑을 배우는 길은 길고도 험난하니 어쩔 수 없다. 그건 우리가 더 정직하고 더 용감하고 더 강인한 사람이 되어야 한다는 뜻이다. 사랑이 뭘 보장해준다는 생각을 버려야 한다는 뜻이다. 자신의 문제를 처음부터 다시 직면해야 한다는 뜻이다.

소유욕과 불안감은 사랑의 시험에서 마주하게 되는 가장 잔혹하면서도 가장 부드러운 과제다. 시험을 통과하기가 너무나 힘들기에 그것은 잔혹하다. 조금이라도 응답하면 즉시 사랑의 강인함을 느낄 수 있기에 그것은 부드럽다. '세상이 어떻게 변하든 상관없이, 미래에 네가 나와 함께하든 하지 않든 상관없이' 나는 사랑을 배우고 싶다. 단단하고 굳센 사람이 되고 싶다. 아주 조금이라도 내 몸에서 자신감이 자라나게 하고 싶다. 나는 내 두려움을 목격했다. 하지만 사랑을 배워가는 중이기에 이번에는 도망치지 않았다.

3부

'떠남'에 관하여

 때로 당신은 '떠나야 한다'는 걸 알고 있다. 주변의 모든 것이 평소와 다름없는데도, 최악의 상황은 아직 닥치지 않았는데도 말이다. 타성이랄지 집착이랄지, 당신을 그 안에 묶어두는 어떤 힘이 있어도, 무언가가 내내 마음에 걸려 미련이 남아도, 그 '카운트다운'은 똑딱거리며 예정된 시간을 향해 가고 있다. 심지어 두 사람의 사랑은 이미 유통기한이 지나 썩은 내를 물씬 풍긴다.

 듣자 하니 이런 사랑은 대부분 비극적인 장애물을 안고 있다. 애초에 두 사람은 '3개월만' '졸업할 때까지만' '출국하기 전까지만' '들키기 전까지만' 함께하기로 약속한 채 사랑을 불태웠다. 이런 '시간 제한'에 효과가 있는지는 잘 모르겠다. 아무튼 대개 한 사람은 기억하고 다른 사람은 잊는다. 한 사람은 진지한데 다른 사람은 건성이다. 한 사람은 답답하고 다른 사람은 고통스럽다. 산뜻한 이별이란 드물다. '시간 제한'을 정했다 해도 가슴이 찢어지는 건 어쩔 수 없다. 누군가는 호랑이가 있는 줄 뻔히 알면서도 산속으로 들어간다. 희생하고 헌신하는 마음 때문인지, 아니면 무의식중에 불가능은 없다고, 그러니 '언젠가는 그가 변할 거라고' 믿기 때문인지는 잘 모르겠다.

사랑도 결국 하나의 과정이기에, 이해득실을 따지는 사랑이 아니라면 길든 짧든 함께하는 동안 최선을 다하면 된다. 그걸 아는데도 왜 끝내는 가슴이 찢어지는 결말을 맞을까?

시간이 지날수록 두 사람은 더더욱 친밀해진다. '3개월만 함께'든 '영원히 당신과 함께'든 허울뿐인 구호가 되고 만다. '저주'와 '언약'은 똑같이 흐릿하고 가물가물하다. 마음이 산산이 부서지는 원인은 역시 대부분 '거짓말'에 있다. 나는 '절대 진지하게 사귀지 말자'고 맹세한 커플이 결혼식장에 들어서는 장면을 보았다.

'섹스 파트너'로 시작한 커플이 10년 넘게 서로의 곁을 지키는 모습을 보았다. '도저히 헤어질 수 없을 만큼 깊이 사랑하는 부부'가 법정에 선 모습도 보았다.

가장 가슴 아픈 경우는, 처음 알던 대로 그가 '바람둥이의 옛 모습'으로 돌아갔을 때다. 처음에 그가 말했듯 정말 '이혼할 생각이 없다'는 걸 알았을 때다. 과거의 역사가 반복되어 당신이 '진실을 가장 늦게 아는 사람'이 되었을 때다. 이 모든 것을 예견하지 않았던가? 하지만 슬프게도, '그렇게 될 줄 알았다 해도' 예언이 실현되었을 때의 살상력은 조금도 줄어들지 않는다. '결국 일어나고 말았다'는 사실이 오히려 그 막을 수 없었던 고통을 몇 배로 키운다. 그토록 오랫동안 '비정기적으로 예방접종을 했는데도' 아무런 효과가 없다. 당신은 이런 생각으로 우울한 마음을 달랜다. '그래도 성장은 했잖아.'

보증이 효과가 없다면 예방주사도 당연히 듣지 않는다. 그렇다면 결말이 정해진 사랑은 시작해야 하나, 말아야 하나? 언제 끝내야 하나? 어떻게 위험을 저울질하나?

사랑을 시작한다는 게 꼭 '관계'에 들어선다는 뜻은 아니다. 어떤 사랑은 일회성이다. 번개처럼 순간적이다. 아침에 생겨났다가 저녁에 사라진다. 그런 사랑에도 이미 가치가 생겨났고 의미도 존재하지만, 계속하면 결국 마모되고 만다. 어떤 사랑은 하루를, 일 년을 견뎌내면서도 정체된 병목 상태는 견디지 못한다. 어떤 사랑은 큰 풍랑을 헤쳐나오고도 정박하기 직전에 한 번의 흔들림으로 뒤집히고 만다.

어떻게 판단하고 어떻게 확인하는가? 어떻게 멈추는가? 어떻게 떠나는가? 이것이 핵심 문제다.

당신은 수도 없이 짐을 싼다. 그러면서 생각한다. 오늘이 마지막 밤이야. 이유가 뭔지는 당신도 잘 모른다. 당신은 그를 변화시키려 하지 않는다. 하지만 한편으로는 달라질 생각이 없는 그가 언젠가는 당신을 아프게 할까봐 두렵다. 그와 옛 연인에게 일어난 비극이 당신에게도 되풀이될까봐 두렵다. 이토록 깊이 사랑하는 사람을 훗날 증오하게 될까봐 두렵다. 천상의 사랑이 추락하는 모습을, 당신이 지옥으로 떨어지는 모습을 속수무책으로 바라보게 될까봐 두렵다.

하지만 당신은 사랑했고, 미련이 남았고, 떠나지 못한다. 당신은 아직도 희망을 품고 있다.

정말 기적이 일어날까? 탕자가 돌아와 닻을 내리고 정착할까? 무정한 사람에게도 양심이란 게 생겨나 공감할 줄 알게 될까? 떠돌아다니기를 가장 좋아하고, 이색적이고 관능적인 것을 탐하며, 오래된 것은 싫어하고 새로운 것만 좋아하는 사람도 진정한 사랑을 알고 나면 떠나지 않으려, 버리지 않으려 할까? 온 세상을 집으로 삼는 사람도 육지에서 한 조각 안식처를 찾기를 원할까?

당신은 자신이 엮어낸 망상을 초조하게 떠올린다. 그에게는 아무것도 어울리지 않는다. 그를 너무나 사랑하는 당신은 자신이 행복해지겠다며 그를 바꿀 생각은 없다. 그랬다간 두 사람의 사랑이 시들어버릴 것임을 당신은 잘 안다.

당신은 말한다. "이건 이별을 배우는 과정이야." 그 말투에 가슴이 저릿하다.

하지만 내 생각에 불가능을 가능으로 바꾸는 것은 기적도, 억누르고 참는 것도, 기다림도 아니다. 그건

'덕으로써 사랑하는' 진실한 마음이다. 상실의 두려움을 거듭 마주한다 해도 당신은 스스로 손을 뻗어 사랑하는 사람을 묶어둘 생각이 없다. 당신은 사랑의 덧없음을 깊이 이해하고, 그렇기에 혼신의 힘을 다해 사랑한다. 또한 헌신하는 사람이 가장 위대하진 않다는 걸 분명히 깨달았기에 겸손을 배우게 됐다. 사랑을 내주면 그 혜택은 정작 우리 자신에게 돌아오곤 한다. 우리 사랑을 받아들이는 사람은 우리에게 사심을 내려놓는 법을 배울 기회를 준다.

모두가 잠든 깊은 밤, 당신은 상처와 위협의 가능성에 흠칫 놀란다. 하지만 날이 밝으면 또다시 에너지가 가득 차오르고, 당신은 계속해서 스스로를 가다듬어나간다. 그러면서 마음의 해묵은 상처를 조금씩 아물게 하려 애쓴다. 자신이 굳세고 또렷해질수록, 자신감 있고 독립적일수록 피할 수 없는 이별이 닥쳐도 쉽게 무너지지 않는다는 걸 알기 때문이다. 당신은 앞으로 어떤 형태의 이별이든 보기 좋고 건강한 모습으로 마주하길 바란다. 그 가슴 아픈 순간 앞에서 두려워하지도 분노하지도 증오하지도 않는 법을 배웠기를 바란다. 당신은 '카운트다운' 사랑에 빠져버린 순정녀에서

"어쨌든 난 항상 네 행복을 빌어"라고 말할 수 있는 온유한 강자로 변모했다.

"길든 짧든 우리의 만남을 통해 나 자신을 더 깊이 이해하게 되기를."
"마지막 순간이 오더라도, 너를 사랑한 내 첫 마음만큼은 부디 변함없기를."

'변심'에 관하여

"너는 여기저기 많이 다녀보고 연애도 많이 해봤지. 사람들한테 상처도 많이 줬고!" 한밤중에 난데없이 짜오찬런이 이런 말을 꺼낸다.

나는 황급히 웃음 지으며 말한다. "우리도 나중에 가면 되지."

"내 마음을 가장 많이 다치게 한 사람이 너야." 그녀가 조용히 말한다.

나는 얼른 그녀를 껴안는다. "다신 안 그럴게. 나도 양심이란 게 생겼다고."

나는 아주 작은 일이라도 마음에 새겨둔다. 뒤끝이 있어서가 아니고, 나에게 일어난 모든 일이 소중하기 때문이다. 그것들 덕분에 나는 삶의 신비를 이해하게 된다. 그 시절을 돌이켜보면 그때 내가 왜 이랬고 왜 저랬는지 의아해진다. 그때 그건 사랑이었을까? 사랑이라면 왜 나를 그토록 불안하고 혼란스럽게 만들었을까? 왜 나는 버티지 못했을까? 무엇이 처음의 아름다운 사랑을 '외도'로 끝나는 관계로 바꿔놨을까?

상대의 변심을 마주하면, 나 또한 변심한 적이 있다는 사실이 가장 먼저 떠올랐다. 그건 굉장히 기이한 느낌이다. 지금의 애인을 사랑하지 않는 게 아니라, 갑자기 또 한 사람을 사랑하게 된 것이다. 이게 지금 꿈인가 싶다. 분명 미국에 있었는데 느닷없이 홍콩에 있는 나를 발견한 것처럼 시공간이 혼란스럽다. 하지만 마음속으로는 어렴풋이 알고 있다. 이건 아니지. 둘 다 내가 있을 곳이 아니야. 그래서 혼비백산해 달아나곤 했다.

우리는 늘 사랑이 자유롭다고 말한다. 하지만 사랑이 꿈속에서처럼 마음껏 점프할 수 있는 건가? 마음을 무한히 나눌 수 있나? 사랑하는 사람이 다른 사랑을 하게 되면 그 관계는 포기해야 하나? 아직도 그 사람을 사랑한다면 기다릴 수 있나? 이 세상에 깨진 거울이 다시 붙는 일이 정말 있나?

노력이란 대체 뭘까? 왜 때로는 노력이 집착으로 보일까?

내 생각에 사랑을 위해 노력한다는 건 되돌리려 애쓰는 게 아니다. 당신이 하는 말과 행동도 분노와 슬픔을 쏟아내려는 건 아닐 테다. 과거의 아름다운 시절에 연연해서도 아니고, 억울해서 놔주지 못하는 건 더더욱 아닐 테다. '내 건데 내가 왜 포기해야 돼?'라는 생각에서 그러는 것도 아닐 테다.

당신은 여전히 제자리에서 기다리고 있다. 당신은 평소처럼 차분히 지내며 그 사람에게 메시지를 보내고 연애편지를 쓴다. 그런데 시간이 흐르고 지난 일이 되면서 모든 느낌이 변해버렸다. 그 사람은 무정하게 말할 것이다. "미안한데, 생각 좀 더 해볼게." 대답을 살짝 피하며 반문할지도 모른다. "조용히 있고 싶다고 했잖아?"

당신은 어쩔 줄 모른다.

당신은 그동안 뭘 위해 그렇게 애쓴 걸까? 이런 생각을 하고 있진 않나? 이건 그저 잘못된 길로 들어선 꿈이고, 길을 잃은 연인은 몹시 당황하고 있을 거라고. 악몽이 지나가면 곧 연인이 깨어나 당신을 보게 될 거라고 생각하나?

노력해도 되고, 포기해도 된다. 사랑은 자유고 축복이다. 내가 곁에 없어도 네가 행복하기를 바란다. 사실은 그러면 많이 슬프겠지만, 그래도 네가 왜 그랬는지 이해할 수 있을 것 같다. 솔직히 말하면 나는 네가 왜 그 사람을 사랑하는지, 그러면서도 선택을 못 하는지 알 수 없다. 하지만 네가 떠나려 한다면 내가 억지로 붙잡지 않으리라는 건 안다.

노력하든 놓아주든, '욕구'가 아닌 '사랑'을 진심으로 표현하는 행동을 하자. 그는 길을 잃었을 수도 있고, 진정한 사랑을 찾았을 수도 있다. 당신은 한바탕 울고, 또 한바탕 울고, 또 한바탕 울고 만다. 세상이 끝난 것처럼 느껴질 거다. 마음껏 울어라. '이제 아무도 안 믿을 거야'라는 결심이 들지도 모른다. 속 시원하게 울어버려라.

당신 앞에는 아직 길이 있다. 잠시 보이지 않을 뿐이다.

이제 마음을 가라앉히자. 마음이 산산이 부서졌다 해도 당신의 영혼을 지켜야 한다. 당신이 여전히 믿고 있는 그것만큼은 지켜야 한다. 그 사람이 새로운 사랑을 한다면, 당신은 더더욱 자신을 아끼고 사랑해야 한다.

'살아냄'에 관하여

 살아내는 사람이 꼭 더 용감하다는 뜻은 아니지만, 극도로 괴롭고 비통해도, 심지어 배신당하고 깊은 상처를 입어도 살아낼 수 있다는 건 굉장히 중요하다. '사랑'이라는 이름으로 굴욕과 아픔을 겪더라도 곧바로 상처와 모욕으로 되갚아서는 안 되니까 말이다. 살아낼 수 있다면 나에게 진정으로 사랑할 능력이 있는지, 상대가 더 이상 나를 사랑하지 않고 원하지 않아도 내 초심을 지켜내는지 볼 기회가 주어지기 때문이다. 계속 살아낸다면 뜨겁게 사랑했을 때의 굳건한 약속, '영원히 너를 축복해' '널 지켜주고 싶어' '내가 바라는 건 네 행복뿐이야'라는 약속을 아픔 속에서 숙고할 수 있기 때문이다. 우리 마음이 갈가리 찢기는 이유는 사랑받지 못해서, 또 내 사랑이 가닿지 못해서다. 그중 가장 치명적인 상처는 종종 '훗날의 변심'에서 비롯된다.

사랑받는 것은 내 뜻대로 되는 일이 아니다. 하지만 사랑하기, 용서하기는 내 선택이다. 심지어 어떤 이유도 묻지 않는 것을 선택할 수도 있다. 상대를 가졌든 못 가졌든 그가 행복하기를 진심으로 바라기 때문이다. 세상은 변하기 마련이다. 상대도 변할 수 있고 사랑 또한 변할 수 있다. 그렇기에 우리는 그 변화를 매우 조심스럽고 세심하게 배우며 알아가야 한다.

영원토록 변치 않는 건 이미 죽어버린 사랑뿐이다.

하지만 상실은 고통이다. 사랑받지만 사랑하지 않는 것도 고통이고, 사랑하는 사람이 다른 사람을 사랑하는 모습을 지켜볼 수밖에 없는 것도 고통이다. '함께하기 힘든 사람'으로 불리는 것도 고통, 타인을 행복하게 해줄 수 없는 자신을 알아차리는 것도 고통, 마음이 온전히 채워지지 않는 것도 고통이다. 사실 사랑 자체가 고통이다. 보잘것없는 이기심을 접어둔 채 처음으로 타인을 인식하고 받아들이고 이해해야 하기 때문이다. 그러면서 내가 어떤 일을 해도 안전이 보장되지 않는다는 걸, 아무리 헌신해도 똑같은 보상이 돌아오지 않는다는 걸 깨닫기 때문이다.

하지만 그게 바로 우리를 용감하고 성숙하며 독립적인 사람이 되게 훈련하는 과정이다. 사랑을 갈망하는 사람에서 사랑할 수 있는 사람으로 나아가게 하는 과정이다. 고통을 기꺼이 감수하되, 분노하거나 허탈해하거나 도피하는 사람은 되지 말자. 그런 고통으로 인해 사랑하는 과정이 더 소중해진다는 사실을 이해하자. 계속 살아가기 때문에 우리는 성장할 수 있다.

물론 쉬운 일은 아니다.

하지만 달리 방법이 있나?

사랑하겠다는 약속은 삶의 무게를 책임지겠다는 약속이기도 하다. 우리가 인내심을 갖고 기꺼이 고통을 견뎌내려 한다면 사랑의 힘도 커질 것이고, 그에 따라 우리를 울부짖게 만들던 질문들도 거듭되는 실망 속에서 답을 얻을 것이다. 그것이 바로 살아내는 것, 더불어 사랑을 포기하지 않는 것이다.

마음속으로 가만히, 멀리서 말없이 그 약속을 지키고 있다 해도, 심지어 그 사람이 당신과 무관해졌다

해도, 원망을 품는 대신 사랑을 지켜내고 있기에 광기에 휘둘리지 않고 평온할 수 있다는 걸 당신은 안다. 그렇기에 당신에게 마지막으로 남은 것도 파괴되지 않는다.

아무도 날 사랑해주지 않는다. 누구에게도 사랑받지 못한다. 그 사람이 나에게 감정이 없어졌다고 한다, 진정한 사랑을 만났다고 한다, 방황하고 있다고 한다, 후회한다고 한다······.

괜찮다. 그 사람에게 자유를 주고 행복을 빌어주자. 그래도 우리는 여전히 그 모습 그대로다. 여전히 그렇게 꿋꿋이 살아간다. 그렇게 울고 웃으며 사랑을 처음부터 조금씩 조금씩 배워간다.

'약속'에 관하여

 당신은 묻는다. 왜 사랑하는 법, 관계를 유지하는 법을 이야기하며 격려만 하나? 언제 관계를 끝내야 하는지, 상처만 남는 관계란 어떤 것인지, 언제가 '떠날' 때인지에 대해서는 왜 말이 없나?

 예전의 나라면 이 질문을 매우 중요하게 여겼을 거다. 나 또한 벗어날 수 없는 고통스러운 관계에 빠져봤기 때문이다. 헤어졌다 다시 만나기를 되풀이하며 1년이 넘는 시간을 썼고, 결국은 폭행당하고 갈라서는 것으로 끝난 관계였다. 그 시간 동안 관계는 나에게 악몽, 심지어 깨어날 수 없는 악몽이었다. 진퇴양난 속에서 숱한 밤 잠 못 이루며 거의 미쳐버릴 뻔했다. 어떻게 해도 상처를 피할 길이 없었다. '평화로운 이별'

이란 아예 불가능했다. 그때의 나에게 '사랑받는'다는 것은 곧 재앙이었다.

가장 두려운 부분은 언제나 '죄책감'과 '가책'이었다. '함께하기 시작하면 왜 끝까지 가야 할까?' '헤어지는 게 버린다는 뜻인가?' '사랑은 한번 시작하면 끝낼 수 없는 관계야?' '사귀면서 알아가는 시간도 없다고?' '사귀기 시작하면 상대방의 삶이 내 책임이 되나?' 도무지 풀리지 않는 의문으로 가득했다.

만남과 헤어짐, 다툼과 눈물과 고함 속에서 나는 수많은 순간에 사랑을 포기했고 나라는 사람마저 포기했다. 분명 '계속 노력해가자는 합의' 아래 사귄 것인데도 늘 '마지못해'라는 느낌이 있었고, '이렇게 안 하면 내가 너무 나쁜 사람 같잖아' '내가 정말 그렇게 사랑도 모르고 무정하고 의리 없는 사람인가'라는 생각이 들었다. 그래서 내키지 않으면서도 받아들인, 의심과 켕김이 뒤섞인 상태였으며, 솔직히 말하면 나도 의지할 곳이 필요했다. '그를 사랑하는 게 맞나?' '나 때문에 저렇게 괴롭다는데, 우리 관계는 아주 강렬한 사랑 맞겠지?'라는 갖가지 의혹에 더해 '노력하다보면 사랑을 아는 사람이 될지도 몰라' '그가 원하는 대로 하다보면 우린 행복해질지도 몰라'라는 온갖 복잡하고 혼란스러운 마음이 뒤엉켜 있었다. 막 사귀기 시작했을 때 서로 아껴주던 모습이 항상 그리웠다. 미치지 않았을 때의 그는 너무나 사랑스럽다는 생각에 자꾸 마음이 약해지고 흔들렸다. '왜 날 사랑하지 않는데?' '사랑하는데 내가 필요 없다고?' '사실 날 사랑하면서도 네가 모르는 거야' '노력할 기회를 줘' '넌 내가 얼마나 고통스러워하는지 몰라'. 진심 같지만 분노가 가득한 이런 말에 늘 얽매여 있었다. 헤어지려 할 때마다 '자살할지도 모른다'는 전화가 걸려오고, 한순간 멍해 있다가 또다시 '끝없이 반복되는 줄거리' 속에 빠진 나를 발견하고…… 그렇게 귀신에게 홀린 듯 제자리걸음만 하며 몽롱한 상태로 하루하루를 흘려보냈다.

지금 돌이켜보면 역시 나 자신의 문제가 더 많았다. 선택해야 할 때마다 나는 잘못된 방향을 골랐다. 언뜻 보기엔 선택의 여지가 없었지만, 목에 칼이 들어온 것도 아니니 충분히 다른 쪽을 고를 수 있는 상황이었다.

하지만 그때 나는 '덕으로써 사랑하기'를 선택하지 않았다. '솔직히 말하기'를 선택하지 않았다. '사랑하지 않는 것도 사랑이야'를 선택하지 않았다. '사랑하는 마음이 있다는 건 인정하지만 사랑하는 능력엔 한계가 있어'를 선택하지 않았다. 그건 단순한 '호감'일 뿐 아직 사랑은 아니었다는 사실을 지체 없이 인정하거나 제대로 직시했어야 했다. 그와 함께하는 시간이 늘어나자마자 '이건 아니다' '연인의 방식으로는 그와 함께할 수 없다' '그와는 성숙하고 대등한 사랑의 관계를 맺을 수 없다'는 걸 알아차렸기 때문이다. 하지만 그 시점에 상대는 이미 나에게 완전히 의지하고 있다는 걸 알게 됐다. 게다가 (그가 항상 강조하듯) 과거에 버림받고 상처받은 경험이 있는 그이기에 그런 상처를 더는 감당할 수 없다는 것도.

그런 상처?

온 세상의 무게가 그를 짓누르고 있었고, 나는 그를 위해 정의를 바로 세워줘야 하는 사람이었다.

오랜 시간이 지나 그 대화의 순간들을 떠올려봐도 이해가 안 된다. 내가 왜 그렇게 믿었는지, 그리고 내가 왜 그런 책임을 짊어져야 한다고 생각했는지. 그때 우리는 사귄 지 한 달밖에 안 된 사이였다. 서로에 대해 아는 바라고는 '상대방이 해준 얘기에 근거'한 것뿐이며, 그중 대부분은 '상대의 감정적 반응'과 '소설 줄거리에 가까운 과거사 서술'에 기대고 있었다.

그때의 나는 내가 불길한 존재라는 생각에 깊이 빠져 있었던 것 같다. 나 또한 예전에 많은 사람을 떠났고 실수를 저질렀고 잘못된 결정을 내렸으며, '전후 사정도 인과관계도 파악 못 한 채 통제 불능 상태의 열차가 절벽으로 곤두박질치는' 듯한 사랑의 경험을 숱하게 했다. 그래서 한 번이라도 '책임자 역할을 성공적으로 연기하면' 모든 게 가능하리라 생각했다. '더 이상 다른 사람들을 해치지 않는' 서사에 들어간다면 구원을 얻으리라 생각했다.

그렇다, 그때 우리는 둘 다 사랑을 구원으로, 연인을 생명의 동아줄로, 교제를 '행복해질 기회를 잡은 것'으로, 교제에 동의한 것을 '떠나지도 버리지도 않겠다는 약속'으로 여겼다.

왜 그랬을까?

오랫동안 나는 그게 다 내가 자초한 업보라고 생각했다. 어쩌면 그렇게 생각하며 스스로를 단죄하는 것이 비교적 쉬운 해석이었을 것이다. 세월이 한참 흐르고서야 내가 완전히 다른 선택을 할 수 있었다는 걸 깨달았다. 하지만 나는 내가 피해자임을 인정하고도 계속해서 '가해자' 역할을 연기하는 쪽을 택했다.

   그런데 서로 승낙한 연인관계로 들어서는 것이 그렇게 쉽고 빠를 수 있는 일인가? 호감을 느끼며 마음을 주고받고, 사귀기로 하고, 사귀는 단계에 발을 들이고, 더 깊이 들어가고, 서로의 삶과 생활 범위로 들어서고, 제대로 어루만지고 바라보고 공유하기 시작할 때, 그제야 예전에는 소설 줄거리처럼 나열되던 '상대방의 삶'이 실제로 어떤 것인지 알게 된다. 만나고 또 만나고 더 오랜 시간을 함께 지내며 그 '자기 묘사'가 시간과 함께 쌓여 '구체적인 사실'이 될 때 비로소 서로를 제대로 알기 시작한다. 숨 막힐 듯한 욕망에서 빠져나와 또렷한 정신으로 이야기를 나누게 될 때 비로소 서로의 '다음 단계'로, 사랑의 감정이 싹트는 단계에서 사랑을 확정하는 단계로 나아간다고 할 수 있다. 그런데 바로 그 순간에 우리는 사랑이 아님을 확인하게 될 가능성이 높고, 심지어 환상이 깨지고 현실을 직시하기도 한다. "앗, 미안, 실수였어." "미안한데 난 아직 준비가 안 됐어." "널 많이 좋아하지만, 네가 원하는 이런 관계는 지금의 나로서는 힘들어." 어쩌면 아주 단순한 일인지도 모른다. '호감이 순조롭게 사랑으로 이어지지 않았을' 뿐이다.

서로 약속한 관계라 하더라도 사랑은 자유로운 것이며 누구나 중단을 선언할 수 있다는 걸 나중에야 깨달았다. 서로를 소유물로 여기지 않기에 상실을, 상처를, 고통을 피할 수 없다 해도 우리에겐 상대가 떠나는 것을 막을 권리가 없다. 하물며 아직 약속하지 않은 관계라면 더더욱 그렇다.

그렇다면 두 사람이 뜨겁게 사랑할 때 나눴던 '영원히 널 사랑해' '평생 헤어지지 말자' '너한테 상처 주는 일은 절대 없을 거야' 같은 말들은 대체 어디서 나온 걸까? 그 말들은 결국 상대방이 당신을 법정에 세우는 증거가 되고 만다. 그런데 젠장, 두 사람이 절절하게 사랑할 때는 그런 말들이 꿀처럼 흘러나오는 걸 누구도 막을 수 없다.

그 말들은 모두 진실이다. 동시에 모두 허상이다. 진실인 이유는 그 말을 신뢰할 수 없어서다. 그 말들은 꽃이 만발할 때 향기를 퍼뜨리듯 자연스럽게 흘러나왔다가 바람에 흩날려 이내 사라지고 만다. 그 말들을 '맹세'로 여기려면 둘 다 제정신으로 돌아올 때까지 기다려야 한다.

사실 이 주제에 관해서라면 훨씬 더 길게 쓸 수 있다. 지금의 내가 생각하는 진정한 약속이란, 절대로 떠나거나 버리지 않겠다는 말이 아니다. '사랑하기 때문에 그날이 오면 너를 기꺼이 보내주겠다'는 약속이다.

나중에는 칼날처럼 섬뜩했던 그날들을 떠올리며 두려움이나 당혹감에 휩싸이지 않게 됐다. 그때 내가 충분히 용감하고 사랑을 충분히 이해했다면 어떻게 거절해야 할지, 어떤 선택해야 할지 알았을 것이다. 책임을 분별하는 법, 제대로 사랑하는 법을 알았을 것이다. 더군다나 그건 사랑에 기반하지 않아도 되는, 성인으로서 한 사람을 존중하는 마음만으로도 충분히 가능했던 방식이다. 우리는 상대방을 '독립 개체'로 봐야 했다. 그는 어린아이도 아니고 애완동물도 아니었다. 그에게는 반드시 스스로 직면하고 처리해야 하는 인생의 난제가 있었다. 나는 그가 파놓은 비난의 함정에 스스로 뛰어들지 않는 쪽을 선택할 수 있었고, 괜히 '나의 중요성'을 과대평가하지 않는 쪽을 선택할 수 있었다. 상대방의 쓰라린 눈물, 분노에 찬 말, 격앙된 행동 앞에서도 내 판단을 믿는 쪽을 선택할 수 있었다.

그러나 이 선택은 '모두 대단히 어렵다'. 그래도 우리는 달리 기댈 언덕이 없다. 사랑은 드라마가 아니다. 내가 아직 사랑을 이해하지 못한다는 걸, 기꺼이 최선을 다하지만 능력에 한계가 있다는 걸 인정해야 한다. 어떤 상황에서도 사랑의 방향으로 나아가고 있다는 믿음 또는 기대는, 한번 사귀면 영원히 헤어질 수 없다는 뜻이 절대 아니다. 사랑을 존중하기에 이별을 택해야 하는 경우는 수없이 많다. 진정한 사랑은 위협이나 협박을 당하지 않으며 강요될 수도 없기 때문이다.

언제 어떻게 떠나라고 말하기보다, 나는 여전히 어떻게 사랑할 것인지를 더 고민하고 싶다. 사랑을 배워야만 비로소 잘 떠나는 법도, '이별' 앞에 서는 법도 배울 수 있을 테니 말이다.

'이별'에 관하여 1

 젊은 시절 나는 겁쟁이였다. 자존심만 세고 자존감은 낮았다. 쉽게 연애하고 쉽게 헤어졌으며, 사랑할 용기는 있었지만 미워할 용기는 없었다. 시작하는 태도는 우아했지만 마무리하는 자세는 추했다.

 우리는 왜 사랑하게 된 누군가를 나중에는 사랑하지 않게 될까? 왜 누군가에게 첫눈에 반했다가도 함께하다보면 악몽임을 깨달을까? 어째서 처음 사랑할 때는 그토록 행복한데 헤어질 때는 그렇게 무시무시하게 변할까? 이별의 과정에서 잔혹함, 폭력, 상처를 겪을 때 왜 스스로를 탓하는 걸까? 헤어지는 과정은 왜 천사를 악마로 변하게 할까? 왜 몇 년이 지나도 잊을 수 없는 끔찍한 말을 뱉게 만들까?

　관계 초기에는 상대방이든 자신이든 삼각관계에 얽히는 경우가 많다. 자기 자신의 주인이 아니라 욕망의 포로가 되는 사람이 대다수 같다. 나는 일찌감치 사랑에 실망했다. 사랑이란 '유인해서 붙잡는 척하며 실제로는 사냥해서 죽이는' 행동에 불과하다고 느꼈다. 그때의 나에게 사랑은 위험하고 잔혹한 것이었다. 누구를 만나게 될지 알 수 없었다. 그 사람을 만났을 때 나는 혼자일 수도 있고 짝이 있을 수도 있으며, 상대방도 마찬가지였다. 나는 이 세상에 소위 약속이란 게 있다는 사실을 여전히 믿지 못했다. 결혼도 마찬가지였다. 내가 보기에 모든 것은 변하기 마련이며 어떤 사랑도 유혹을 이겨낼 수 없었다.

　이렇게 불확실한 관계라면, 당연히 깔끔하지 못하게 끝날 수밖에 없다.

　야반도주를 한 적도 있고, 미련은 남았지만 끝까지 이어지지 못한 적도 있다. 서서히 멀어지기도 했고, 인간 세상에서 증발해버리기도 했다. 하마터면 죽임을 당할 뻔한 적도 있다.

'이별'에 관하여 1

남자도 있고 여자도 있었다.

모두 평화로운 합의 없이 끝난 이별이었다.

나 스스로도 무고하고 결백하다고 느낀 적이 없다. 아주 오랫동안 나는 내 모든 것을 뼛속 깊이 혐오했다. 사랑 속에서 나 자신의 비열함과 추악함을 목도했고, 타인의 이기심과 잔인함도 목격했다. 내가 본 사랑은 지옥이나 마찬가지였다. 모두가 사랑에 불살라졌다. 욕망, 질투, 의심, 소유욕, 증오, 집착에 사로잡혀 미쳐버렸다.

어쩌면 가장 미친 사람은 줄곧 나 자신이었는지도 모른다. 미치지 않고서는 살아갈 수 없었는지도 모른다. 신선처럼 황홀하거나 죽을 만큼 짜릿하지 않으면 사랑이 아니라고 여겼는지도 모른다.

고래고래 욕을 하고, 입버릇처럼 사랑한다고 말하고, 나 때문에 고통에 미쳐버린 이들이 오랫동안 기억 속에 남아 있었다. 그들은 사랑에서 비롯된 분노의 고함을 질렀다. 나를 판단하고 비난하고 묘사했다. 상처 입은 사람은 위험하다. 자기가 무슨 말을 하는지 모를 수도 있다. 우리에게 충분한 용기와 이성이 있다면 그 모든 게 그저 '상처 입고' 반격하는 말임을 알아차릴 것이다. 심지어 그 모질고 독한 말들은 '구해달라는 신호'일 수도 있다. 상대가 퍼붓는 저주에는 사실 이런 뜻이 담겨 있을 가능성이 더 크다. '제발 가지 마.' '나를 계속 사랑해줘.'

하지만 그때 나는 너무 어렸다. 그런 말을 들으면 도망치고 싶고 그 사람과 즉시 관계를 끊고 싶을 뿐이었다. 너무 낮은 자존감이 빚어낸 오만함은 타인의 고통을 이해하지 못하게 만들었다. 충돌과 갈등을 적절히 다루는 방법을 찾지 못하게 만들었다. 도망치는 것 말고는, 그들이 묘사한 것처럼 '이기적이고 잔인하고 무책임하고 무정해지는' 것 말고는 다른 수가 보이지 않았다.

오직 그 자리에서 벗어나고 싶다는 생각밖에 없었다.

나는 너무 나약했다. 그들의 모진 말은 화살처럼 하나하나 마음에 꽂히며 내가 사랑받을 가치가 없다는 걸 확실히 증명했다. 과거에 그들이 나를 사랑한 이유는 내 실제 모습을 미처 몰랐기 때문이다. 그렇기에 사랑이란 불가능했다. 적어도 나에게는 일어날 수 없는 일이었다. 사랑, 아무 이유 없이 나를 사랑하는 사람들, 나는 그들이 내 어떤 면을 사랑하는지 알 수 없었다. 다만 그 사랑이 곧 미움으로 바뀌리라는 것만큼은 알고 있었다.

나는 사랑을 믿지 않았다. 나 자신을 믿지 않았다. 아무도 믿지 않았다. 사랑이라 불리는 그것을 믿지 않았다. 그것은 분명 마음속에서 샘물처럼 저절로 솟아났다. 맨 처음엔 아무 기대도 바람도 없었다. 그저 그 사람이 너무너무 좋기만 했다. 다가가고 싶고, 이야기하고 싶고, 많은 걸 함께하고 싶고, 키스하고 싶고…… 하지만 나중에는 모두 고통으로 바뀌었다.

긴긴 세월 동안 나는 오로지 더 많은 사랑을 얻음으로써 내가 괜찮은 사람임을 증명하려 했다. 독주를 마시며 갈증을 해소하는 꼴이었지만, 너무 나약했던 나는 내 행위의 모든 방향이 틀렸다는 것조차 모른 채 나 자신에 대한 회의감만 자꾸 키워가고 있었다.

악몽 속에서 연인의 얼굴은 악마 같았다. 연인이 내

뱉는 증오의 말들은 나를 친친 옭아맸다.

  짜오찬런과 처음 헤어질 때, 우리는 이별 앞에서 아무런 행동도 협의도 하지 않았다. 헤어지고 싶은 마음은 조금도 없었지만, 무력감에 휩싸여 다음 과정을 깊이 논의할 여력이 없었던 것 같다. 그때 우리가 차분히 앉아서 이야기 나눌 능력이 있었다면 '우리 헤어져'라는 결론이 입 밖으로 나왔을까? 지금도 잘 모르겠다. 다만 헤어지기 싫어도 계속할 힘이 없는 두 연인이 할 수 있는 일은 단 하나뿐이었다. 우리는 시간이 답을 주기를 기다리는 수밖에 없었다. 우리의 물리적 거리는 거의 이별이라 할 만큼 멀었다. 다만 우리는 사랑하지 않아서 헤어진 게 아니었다. 계속할 수 없어서였다.

  그렇기에 나중에 각자 다른 사람을 만난 건 바람을 피운 것도, 양다리를 걸친 것도 아니었다. 우리는 원래 독립적인 두 사람이었으니까.

  내가 무슨 짓을 해도 상대가 심한 말을 하나도 하지 않은 건 그때가 처음이다. 내 생애 가장 큰 실수였을지도 모르는데, 그녀도 가슴이 찢어졌을 텐데, 그런데도 그녀는 나를 다치게 하거나 아프게 만드는 말을 내뱉지 않았다. 나를 자책하게 만들지 않았다. 겉으론 잔인해 보이는 내가 사실은 겁 많고 나약하다는 걸 이해한 사람은 그녀가 처음이었다. 그런 그녀라 해도 우리 사이를 되돌릴 어떤 말도 꺼내지 않았다. 차마 나를 탓할 수 없었던 그녀는 모든 말을 삼킨 채 시간이 소화해주기를 기다렸다. 언젠가 그 말이 입 밖으로 나올 때는 원망이나 비난이 아닐 수 있도록. 그리하여 우리는 너 죽고 나 죽자 식으로 울며불며 추태를 부리는 막장극 대신, 조용히 하루하루 서로의 삶에서 희미해져갔다…….

나는 오랜 기간 당혹스러웠다. 그런 게 맞는 걸까? 그렇게 소리도 없고 흔적도 없어도, 그래도 사랑일까?

지금 생각해도 그건 우리에게 필요했고 어쩔 수 없었던 행동이다. 적어도 그 사랑 속에서 우리는 서로에게 가장 중요한 무언가를 파괴하지 않았다. 서로를 원망하지 않았다. 나중에 다시 만나지 못한다 해도 때가 되면 편지를 쓰고, 그 늦은 편지로 서로의 처지를 설명할 터였다. 끝내는 서로를 이해할 수 있을 터였다.

그건 나에게 남은 것이 진정한 선의였기 때문이다.

사랑에 어긋나지 않는 진정한 것이었기 때문이다. 나에게 사랑할 능력이 없을 때라도, 상대에게 상처받았다고 느끼더라도, 버려진 고통이 너무 크다 해도, 억누를 수 없는 무언가가 입에서 터져나오려 해도, 그래도 마음 깊은 곳에 있는 나 자신은 알아야 한다. 그것은 사랑이 아니다. 그렇게 행동하는 나는 타인을 그리고 자신을 해치고 있다.

나도 잘 모르겠다. 함께하든 헤어지든 용감하게 마주하고 스스로 책임지고 문제를 처리하는 법, 그런 걸 제대로 배우려면 얼마나 많은 시간이 지나야 할까. 얼마나 많은 연애를 하고 얼마나 많은 일을 겪어야 할까. 내가 너를 다치게 하고 네가 나를 다치게 한 지난 세월의 기억 속에서 진정한 선의를 가려내고 추악함을 잊으려면 나 스스로 얼마나 많은 공부를 거쳐야 할까. 다만 나는 조금씩 조금씩 나 자신을 혐오하지 않게 됐다. 그리고 선생님이 해주신 말씀을 언제나 깊이 새기고 있다. "잘못은 고치면 돼." 다음번에는 똑같은 잘못을 하지 않을 테다.

잘못은 고칠 수 있다. 그렇기에 더는 자책에 빠져 있지 않고, 더는 원망에 기대어 회피하지 않으며, 더는 나 자신을 부정함으로써 고통을 피하지 않을 것이다. 잘못은 고칠 수 있다. 그렇기에 내 마음을 맑은 거울 삼아 나 자신을 올곧게 바라봐야 한다. 과거에 겪은 모든 일은 이미 지나갔으니 더는 시시비비를 따지지 말자. 처음부터 진정한 사랑이었다면, 욕망에 휘둘리거나 외로움에 휩싸여 일시적으로 일어난 게 아니었다면, 그렇다면 어찌 됐든 사랑은 마음속에 남는다. 능력의 문제로 두 사람이 함께하지 않기로 결정했다 해도, 그건 단지 함께한다는 행위를 할 수 없다는 뜻이다. "사랑은 여전히 존재해, 모습이 달라졌을 뿐이야." "우리는 협의해서 평온하게 헤어졌어." 이렇게 말할 수 있다면, 모르긴 몰라도 끔찍한 이별 장면만큼은 한결 줄어들 거라고 본다.

하지만 이건 다 뒷이야기다. 사랑을 모르는데 평화롭게 헤어지는 법을 어찌 알겠나?

우리가 할 수 있는 일은 스스로 다짐하는 것밖에 없을 듯하다. 지난 상처는 달랠 수 있다. 잘못은 고치면 된다. 앞으로의 모든 날은 나다운 삶에 더 가까워질 것이다.

　당신은 사랑받을 가치가 있다. 사랑받을 자격이 있다. 사랑받아 마땅하다.

'이별'에 관하여 2

　이상하게도 이별에는 몇 가지 전조가 있었다. 예를 들면 이런 거다. 한 번도 가본 적 없는 고급 레스토랑에서 데이트를 하는데, 종업원은 정신 사납고 스테이크는 유난히 질기고 새우는 신선하지 않으며 누군가는 계속 짜증을 부린다. 고대하던 둘만의 여행을 어렵게 떠났는데, 처음 이틀은 너무 좋았지만 돌아오는 날 기차역에서 심하게 다툰다. 뜻밖에 일찍 퇴근해 DVD를 빌리러 갔더니 가게가 쉬는 날이라 그냥 집에 왔는데, 보지 말아야 할 광경을 보고 만다.

　아픈 이별, 아프지 않은 이별, 자발적인 이별, 강제적인 이별, 주동적인 이별, 수동적인 이별.

　어떻게 헤어져도 아프다.

그 시절 그 장면이 지금도 눈에 선하다. 거의 정지된 듯한 슬로모션, 되돌릴 수 없는 슬픈 화면 속에서 누군가 갑자기 입을 연다. "우리 헤어져!" 이 한마디는 둘 중 한 사람의 마음속에서 오랫동안 숙성되어온 말일 수도 있고, 하늘에서 느닷없이 날아든 대사라 내뱉은 사람마저 깜짝 놀랄 수도 있다.

설마 그 전에 아무런 조짐이 없었을까?

"문제가 생긴 지 한참 됐어."

"그런데 왜 제3자가 나타나고 나서야 헤어지자고 해?"

"바람피운 사람이 꼭 잘못한 건 아냐."

다 일리 있는 말이다. 하지만 고통스러운 건 여전하다.

제3자가 끼어든 이별이라면 더더욱 처참하다.

"이건 내가 원하는 삶이 아냐!" 당신은 거울을 보며 말해보지만 목소리가 나오지 않는다. 또 말해본다. "우리 헤어져!" 다른 사람을 사랑해서 그런 건 아니고? "아니, 아니야." 당신은 되풀이해 말한다. 당신은 강해지려 한다. 이번에는 어떤 일이 있어도 외도라는 수단을 통해 도피하지 않을 것이다. 떠나지 않고 남아서 문제를 직면할 것이다.

그런데 어떻게 직면하지?

"처음엔 많이 사랑했지만 이젠 사랑하지 않아." "지금도 널 사랑해. 그런데 내가 생각했던 그런 사랑은 아닌 것 같아." "넌 좋은 사람이야. 나쁜 건 나야."

"네가 날 많이 사랑해도 난 행복하지 않아!"

방법은 많지만 상처 주지 않는 말이 없는데 어쩌지? '그가 죽으면 어떡하지.' 그는 헤어지면 죽을 거라고 몇 번이나 말했다. 당신은 출구가 없다는 걸 깨닫는다.

만약에…… 그가 죽으면……?

삶이 엉망으로 변하고 만다. 감추고 속이는 위장이 되고, 거짓말로 가득 차고, 도피해야 할 일상이 된다. 출구가 보이지 않는 캄캄한 터널이 된다. 뛰쳐나가서 지나가는 누구에게든 도움을 청해야 할 상황이다. 그런데 도움을 구한다는 게 그만 '썸'으로 변하고 만다. "다른 사람을 사랑하게 됐어"라는 말은 "널 사랑하지 않는 것 같아"보다 쉬워 보이니까. 흐름에 맡기고 떠내려가다가 들키면 강제로 헤어지는 것이 힘을 아끼는 방법이다.

젊은 우리에게 사랑의 문제란 너무 벅차다. 하나하나가 다 심오한 질문이기 때문이다. 그래서 그냥 상대를 바꾸면 다 잘될 거라고 생각한다.

"이렇게 사랑받고 있는데 왜 헤어지고 싶지?"
이건 세상에서 가장 풀기 힘든 수수께끼다. 어떤 사랑은 상대를 거의 죽을 만큼 아프게 만든다. 그래도 어떤 이는 지옥 같은 고통을 짊어졌다고 해서 그 고통을 무기로 사랑하는 사람을 위협하며 붙잡아두진 않는다. 우리의 사랑이 연인을 행복하게 해준다는 보장은 없지만, 적어도 상대가 행복하지 않다면 이별을 선택할 자유가 있다는 사실은 알고 있어야 한다.

내가 나약한 게 맞다. 결정을 내리지 못하는 것도 맞다. 떠났다가 돌아오면 상대는 더 아픈 것도 맞다. 분명 서로의 감정 문제인데 괜히 제3자를 끌어다 핑곗거리로 삼고 있다. 감정이 변덕스럽다는 건 사실이다. 사랑의 시작은 이성으로 억누를 수 없는 법이다. 하지만 아직 끝나지 않은 관계가 있으니 새로운 관계는 일단 식히는 선택을 할 수 있다.

사랑은 위협에 흔들리지 않는다지만, 그래도 양심에 거리낌 없이 행동해야 한다. 사랑은 헤어진다고 바로 벗어날 수 있는 책임이 아니다. 하지만 관계에 변화가 생기면 문제를 더 명확히 볼 수 있고, 이는 결국 선택의 문제로 귀결된다.

욕심부리지 말자. 약해지지 말자. 스스로를 속이지 말고 물론 다른 사람도 속이지 말자. 사랑은 맑은 거울과 같으니까. 목숨을 담보로 위협하든 나약함을 핑계 삼든 아니면 그냥 관계의 변화를 외면해버리든, '사랑하는데 어떻게 날 버리겠어'라는 안일한 마음이라면 사랑은 손가락 사이로 솔솔 새어나가 하나도 남지 않을 것이다.

"그럼 어쩌라고?"

젊은 시절엔 나도 이리저리 달아났고, 이 사람에게서 저 사람에게로 도망치다가 더 깊은 구렁텅이에 빠지곤 했다. 나도 버림받은 사람이 되어 상대의 행복을 멍하니 지켜보기만 한 적이 있다. 이번엔 내가 미쳐버리겠다 싶어서, 이러다 죽을 것 같아서, 이를 악물고 나 자신을 다그치며 지긋지긋한 막장극을 끝내버린 적이 있다. 나도…….

'그때마다' 내가 정말 구제불능이라고, 행복은 나와는 인연이 없다고 생각했다. 과거에 나에게 일어난 일이 나를 망가뜨리며 더럽혔다고, 이제 내 모든 것을 받아들여 진심으로 사랑할 사람은 아무도 없을 거라고 생각했다.

차례로 시련을 거치면서도 여전히 사랑의 미美와 선善을 믿는다면, 상처는 당신에게 고통을 줄지언정 우리 안에 있는 가장 소중한 핵심을 파괴하진 못한다. 당신은 기꺼이 사랑을 배우고 기꺼이 헌신하려는 사람이다. 많은 문제가 자신의 마음과 과거에서 비롯된다는 걸 알고 있다. '지금은 능력이 부족하지만 계속 노력할 거야.' 당신은 열심히 공부하는 학생처럼 좌절의 방해에 굴하지 않고 사랑 공부에 전념한다.

허무해하지 말자. 자포자기하지 말자. 도피하지 말자. 그런 마음이 들어도 되돌리려 애쓰자. 오랜 고통과 방황을 겪고도 당신은 여전히 눈을 떼지 않은 채 애써 찾고 있다, 그 짙은 안개 속에서도 집요하게 믿었던 초록빛 등불 하나를.

어떤 이별은 사랑을 완성한다. 사랑하지 않는 것도 사랑이니까. 설령 사랑을 완성하진 못했다 해도 인생의 또 다른 풍경을 향해 걸어가는 자신을 빚어낸다. 앞으로 또 어떤 상황을 맞닥뜨릴지는 알 수 없다. 지금은 너무 고통스러워 미래가 보이지 않을 것이다.

미래란, 언젠가 문득 돌이켜봤을 때 온갖 풍파를 겪고도 여전히 순수한 자신을 보게 되는 그런 것이다. 여전히 가슴속이 꽉 막혀 있어도, 그 이야기들의 윤곽을 더듬으며 눈물의 쓴맛과 짠맛이 느껴져도, 당신은 변함없이 완전한 존재다. 부서진 줄 알았던 것들이 여전히 온전하게 남아 있다. 당신은 더 유연하고 의연하고 강인해졌으며 자신을 성찰하는 사람이 되었다. 당신은 고독의 힘을 알게 됐고 마음의 자기 치유 능력을 경험했다. 당신이 진심을 다해 지켜내는 영혼은 누구도 파괴할 수 없다. 훗날의 당신은 당신 자신조차 상상하지 못했던 광활한 세계에 들어서 있을 것이다.

모든 이별이 더없이 소중하다. 그것을 통해 당신은 사랑에 더 가까이 다가선다.

'놓아줌'에 관하여

 질질 끄는 관계를 몇 번이나 반복하고서야 당신은 자신이 그녀의 예비 옵션이란 걸 알게 된다. 그녀가 당신을 떠났다가 돌아왔다가 또다시 떠나도, 당신은 여전히 그녀가 돌아와주기만을 바란다. 매번 당신은 저자세를 취하고, 그럴수록 재결합할 때마다 더 불안해진다. 당신은 그녀가 왜 당신을 사랑하는지, 또 왜 갑자기 사랑하지 않는지 알지 못한다. 사랑하고 사랑하지 않는 그 사이에 왜 항상 다른 사람이 끼어들어 방해하는지는 더 모르겠다.
 어떻게 해야 하나?
 예전에 우리 사이는 얼마나 아름다웠던가! 그 기억을 붙들고 늙어갈 수도 있겠지만, 1인극은 도대체 어떻게 하는 건가? 대본이 이리 바뀌고 저리 바뀌어 종잡을 수가 없다. 그래도 당신은 사랑은 주는 거라고, 사랑은 자유로운 거라고, 사랑은 포용하는 거라고 생각한다. 그렇다면 그녀를 기다리거나 그녀에게 돌아오라고 하는 게 뭐가 잘못인가?

당신은 점점 더 스스로를 이해하지 못한다. 보이지 않는 끈으로 조종당하는 것처럼 희로애락도 덩달아 춤을 춘다. 하지만 가장 두려운 것은 역시 그녀가 떠나겠다고 하는 거다. 다른 사람을 사랑하게 됐다고 하는 거다. 온몸에서 힘이 쫙 빠진다. 이런 기분은 처음이다……. 더 이상 당신에게 이래라저래라 하는 사람도 없고 제멋대로 구는 사람도 없다. 성질을 부리는 사람도 없다. 하지만 당신은 차라리 그녀가 못되게 굴기를 바란다. 적어도 그건 그녀가 아직 당신의 사랑을 원한다는 뜻이니까.

당신은 스스로를 전혀 이해할 수 없게 됐다. 그녀를 향한 헌신에는 아무 원망도 후회도 없지만 마음은 하루가 갈수록 더 공허해진다. 그녀가 당신 곁에 있어도 허전하기만 하다. 그녀에게 자신을 사랑하냐고 묻자 그녀는 얼버무린다. "다시는 날 떠나지 마." 이 말에 그녀는 눈을 피한다. "내가 어디가 부족한데?" 그러자 그녀는 끝내 이 말을 뱉고 만다. "사랑이 무슨 보증서니?"

당신이 원하는 건 뭘까? 아무튼 그녀의 새로운 사랑은 좋은 사람이 아니다. 그저 장난치고 있다는 걸 당신은 한눈에 알아본다. 당신은 그녀가 어린아이 같고 욕망에 쉽게 휘둘린다는 걸 안다. 오랫동안 함께하다보니 열정이 사라졌을지도 모른다. 당신이 다 받아주기만 해서 그녀가 더 많은 자극을 바라게 됐는지도 모른다. 문제는 당신이 그녀가 슬퍼하는 모습을 차마 볼 수 없다는 거다. 그 사람 때문에 눈물 흘리는 그녀를 보자 당신의 마음은 또 한 번 산산이 부서진다.

방향을 잃은 느낌은 안개 속으로 들어가는 것과 비슷하다. 하지만 당신이 그녀를 사랑하는 건 확실하다. 당신이 그녀 앞에서만 그렇게 미련하게 군다는 건 분명한 사실이다. 당신이 안개 속을 헤매고 나무에 부딪히고 구덩이에 빠질 때, 그녀는 절망한 당신을 붙잡아주지 않았다. 하지만 사랑은 계산하고 따지는 게 아니지 않나. 그녀가 당신 곁으로 돌아오기만 하면 당신은 서운한 마음을 다 털어버릴 수 있다.

눈앞이 뿌옇다. 당신은 자신의 사랑을 의심한다. 사랑이 왜 사람을 이토록 아프게, 이토록 무력하게 한단 말인가. 당신은 그녀의 소식을 기다린다. 그녀를 가장 사랑하는 사람은 당신이라는 사실을 그녀가 끝내 알게 되기를, 두 사람이 처음부터 다시 시작하게 되기를 간절히 바란다. 당신은 밤낮없이 이런 생각에만 빠져 있다. 그녀가 나를 사랑할까, 사랑하지 않을까? 그녀의 어떤 말이 사실이지? 믿어도 되는 건 뭘까?

당신은 오토바이를 타고 타이베이 끝에서 끝으로 그녀를 데리러 간다. 무더운 오후, 뜨거운 땀방울에 눈앞이 흐리다. 이 길의 끝은 있으려나 모르겠다. 데이트가 끝나면 그녀를 집으로 데려다줘야 한다. 이 50분의 여정은 당신의 지금 삶을 고스란히 보여준다. 이렇게 하염없이 맴도는 이유가 대체 뭐지? 하지만 당신은 길 위에 있다. 그녀가 기다리고 있기에 걸음을 늦출 수 없다. 잠깐이라도 방심했다간 그녀가 또 떠날까 두렵다.

때때로 이런 순간이 있다. 신호가 바뀌기를 기다리는데 헬멧 아래 뺨이 불에 덴 것처럼 뜨거워진다. 횡단보도를 건너는 사람들을 보며 머릿속에서 딸깍 스위치가 켜진다. 이대로 돌아서서 집에 가고 싶다. 정말로 그러고 싶다. 그녀에게 메시지를 보내고 싶다. '날 좀 제대로 사랑해주면 안 될까?' 당신은 소리 없이 울고 있다. 난 그저 마음을 다해 사랑하고 싶을 뿐이야. 그런데 왜 나 자신을 잃고 말았지? 오토바이를 길가에 세운다. 열기에 눈물이 뒤섞여 우는 건지 마는 건지도 모르겠다. 당신은 지쳤다. 지치고 지치고 지쳤다.

 오랜 세월이 지나면 당신이 늘 선택을 해왔다는 사실을 깨달으리라. 당신은 사랑하지 않아서가 아니라 오히려 사랑하기 때문에 그녀를 놓아줄 수 있었다. 사랑 때문에 자신을 잃는 걸 견딜 수 없었고, 언젠가 그녀를 미워하게 되는 것도 원치 않았다. 그건 어쩌면 그 시절의 아름다운 기억 때문일 수도 있다. 그 기억이 흐려지는 걸 보고 싶지 않은 거다. 당신은 그녀가 자기 인생을 살아가게끔 그녀를 놓아준다. 당신의 마음속에는 여전히 축복이 있다. 다만 더는 그녀의 소방대가 되고 싶지 않을 뿐이다. 이제 당신은 알게 됐다. 그녀를 위해 당신이 할 수 있는 가장 좋은 일은 그녀를 데리러 가는 것이 아니었다. 당신 자신이 성장하고 강해지는 것이었다. 그렇다, 계속 미련이 남는 그 사랑 속에는 사실 상실의 두려움이 감춰져 있었다. '무슨 일이 있어도 영원히 널 기다릴게'라는 보장 뒤에는, '네가 어떤 일을 해도 나는 다 받아들일 거야'라는 심리 뒤에는, 사실 상대를 붙잡아두겠다는 욕심이 더 크게 자리하고 있었다.

놓아주자, 그래도 진짜는 남는다.

그렇다면 상실은 어떻게 하나?

상실이란, 원래 계절이 바뀌듯 자연스러운 일이다!

당신은 사랑을 이루고 싶어서 놓아준 것이다. 상실 또한 당신이 사랑했다는 증거다.

어쩌면 아주 오랜 시간이 걸릴지도 모른다. 어쩌면 한순간의 생각일 수도 있다. 하지만 분명 깨달을 것이다. 당신은 다른 방식으로도 사랑할 수 있으며, 당신의 운명은 당신 스스로 열어갈 수 있다는 것을.

그녀를 놓아주자, 이번에는 정말로.

'고난'에 관하여

 당신은 묻는다. 어떤 고난 앞에서는 함께 있기를 고집하기보다 헤어지는 게 나을 수도 있나?

 사랑을 하다보면 숱한 고난이 서서히 생겨난다. 현실적인 문제(돈, 커밍아웃, 일, 거리), 가족과 친구가 받아들이는 문제, 서로의 조화, 시간의 시련…… 때로는 어디서 어떻게 생겨난 문제인지도 모르겠는데 그가 이런 말을 한다. "혼자 조용히 있고 싶어." 이런 말을 하기도 한다. "너는 더 좋은 사람을 만날 자격이 있어." "나보다 너를 더 많이 사랑할 사람이 있을 거야." 아니면 이렇게 말한다. "너를 향한 욕망이 사라졌어."

 한마디 한마디가 수수께끼 같지만, 구구절절 마음을 때린다.

당신은 잘한 일과 잘못했던 일을 되새겨본다. 당신의 나약함이 당신 눈에도 보이는 순간이 분명 있긴 하다. 돈을 많이 못 벌었다거나, 부모님께 커밍아웃을 못 했다거나, 일이 바빠 소홀해졌다거나, 사랑할 마음은 분명히 있지만 그가 원하는 걸 좀처럼 채워주지 못했다거나.

상실이 눈앞에 있다. 한 가닥 실에 매달린 것처럼 위태롭기 짝이 없다. 그는 떠나겠다고 말한다. 세상을 겪어봐야 자기가 가장 사랑하는 사람이 당신인지 아닌지 알 수 있을 거라면서. 또는 이렇게 말한다. "너한테 사랑이 안 느껴져. 예전 느낌을 되살릴 시간이 필요해."

간단히 이 말만 남기기도 한다. "그녀랑 사귀어보고 싶어."

상실이 손끝에 와 있다. 그래도 당신은 힘을 내서 싸워보고 싶다.

사랑에 관한 이치를 떠올려본다. 나아질 여지가 아직 많은 것 같다. 과거에 잘하지 못한 건 지금부터 노력하면 될 거다. 이미 준 상처는 만회할 기회가 있기를 바란다. 그리고 어쩔 수 없었던 일들(커밍아웃, 돈, 일, 거리)에 대해서는 그가 너그러이 이해해주기를 바랄 뿐이다.

그가 여전히 당신을 아낀다고 말해도 당신에겐 승산이 없다. 당신은 누군가의 침입을 감지한다.

긴장, 공포, 분노, 슬픔을 느낀다. 하지만 지금 자신이 뭘 할지부터 생각해야 한다. 결정을 잘못 내렸다간 영원히 그를 잃고 만다.

어떤 결정을 앞두고 있든, 먼저 스스로에게 물어보자. 그를 여전히 사랑하나? 그를 어떻게 사랑하고 싶은가?

가까이 있든 멀리 있든, 버티든 놓아주든, 모든 결정은 선의에서, 존중에서, 이해에서 비롯되어야 한다. "이게 다 사랑하기 때문이야."

그가 하고 싶다는 대로 놔두면 어떤 일이 벌어질까. 알 수 없다. 당신이 어떻게 할 수 있는 것은 당신 자신의 일뿐이다. 두 사람이 여전히 과거와 같을지는 알 길이 없다. 그건 미래의 일이니까 말이다. 그의 혼란스러운 마음을 마주한 당신은 스스로를 진정시키고자 애쓸 수밖에 없다. 사랑은 변할 수 있다. 때로는 더 나빠질 수도 있지만 더 좋아질 수도 있다. 예측하기 어렵다.

어떤 고난 앞에서는 함께 있기를 고집하기보다 헤어지는 게 더 나을까? 함께하는 건 두 사람의 일이다. 둘 중 한 명이 헤어지는 게 더 낫다고 여긴다면 어쩔 수 없다. 그래도 축복하는 마음만큼은 반드시 지켜야 한다. 말이야 쉽지 당신은 틀림없이 두려울 것이다. 그가 그저 길을 잃은 거면 어쩌나, 헤어지고 나서 불행해지면 어쩌나 싶어서. 진짜 두려운 것은 따로 있는지도 모른다. 되돌리려는 노력도 안 해보고 이대로 그를 잃어버리면 어쩌나.

버티는 데에는 여러 방식이 있을 것이다. 노력도 마찬가지다.

그가 나를 택하든 말든 나는 진심으로 그를 사랑한다. 비록 내 사랑이 아무 행동도 하지 않는 것처럼 보이더라도 말이다. 어떤 행동은 그를 곤란하게 만들 수 있고 어떤 행동은 그를 혼란스럽게 만들 수도 있다. 어떤 행동은 앞으로 서로를 증오하게 만드는 씨앗을 심을지도 모른다.

하지만 아무것도 안 하면 내가 여전히 사랑한다는

걸 그가 어떻게 알까? 내가 기다린다는 걸 어떻게 알지? 내가 더 노력하려 한다는 걸 어떻게 알지? 내가 계속 버텨내려 한다는 걸 어떻게 알겠어?

그럼 그냥 솔직하게 털어놓자! "나는 여전히 너를 사랑하고 앞으로도 계속 사랑하고 싶어. 하지만 네가 불편하다면, 그냥 마음속으로만 사랑하려고 노력할게."

할 수 있는 일은 많다. 다만 뭔가 쟁취하려거나 보완하려는 게 아니라 사랑에 기반한 일이어야 한다. "미안. 내가 사랑하는 능력이 모자라. 그래서 천천히 배우고 있어." "예전에 내가 상처를 줬지. 앞으로 같은 실수를 되풀이하지 않도록 최선을 다할게."

사랑을 검증하려면 더 오랜 시간이 필요하다.

버텨도 된다. 다만 그건 스스로 해야 하는 노력이다. 스스로에게 한 약속이다. "네가 어떤 선택을 하든 네 행복을 빌어."

내 생각에 당신이 끝까지 지켜야 하는 건 바로 이 축복하는 마음이다. 이 단계에 이르면 상실은 눈앞에 떠다니는 구름이 된다. 당신은 뒤따라올 광경을 상상할 수 없다. 몹시 두려울 수도 있지만 그것 역시 사랑의 한 부분이다.

어찌 됐든 자신의 마음을 지켜야 한다. 그 사랑의 마음은 변함없어야 한다. 방해하지 않고 조용히, 그러면서도 확고하게 사랑과 축복을 표현하는 것, 그것이 어른의 사랑이다. 그 성실하고 진지한 마음을 지키기 위해 스스로 노력하리라는 걸 당신은 안다.

어쩌면 그는 다른 사람에게 갈지도 모른다. 어쩌면 당신에게로 올지도 모른다. 당신 또한 다른 사람에게 갈 수도 있고, 계속 기다릴 수도 있다.

이것은 사랑을 배우는 당신에게 닥친 첫 번째 난관일지도 모른다. 그럴 때면 스스로를 일깨워주자. 상실은 상처를 남기지만, 마음속 진실한 사랑은 누구도 망가뜨릴 수 없다고.

좋은 일이든 나쁜 일이든, 사랑 속에서 일어나는 모든 일을 사랑하는 사람을 대하듯 맞이하자. 그러면 슬프고 두려운 상황이 벌어지진 않을 것이다. 우리가 누군가를 사랑하는 것은 무언가를 얻기 위해서가 아니다. 함께할 수 있으면 좋지만 함께할 수 없다 해도 당신의 마음에 그 사랑을 조용히 간직하길 바란다. 그리고 이런 관계를 통해 소중히 여기는 법을 배우게 해준 그에게도 고마워하자.

'재결합'에 관하여

 당신은 묻는다. '재결합' 가능성이 있는 건 어떤 상황일까?

 만나고, 또 만나고, 또다시 만나고…… 우리와 연인은 많고 많은 사람 속에서 우연히 만나기를 기다리는 상태다. 당신은 그가 누군지 알 수도 있고 모를 수도 있다. 기다림에 사랑이 뒤따를지 그렇지 않을지도 알 수 없다. 그래도 당신은 기다린다.

 서로를 놓아주고 헤어진 두 사람은 이제 상대를 볼 수 없는 곳에서 지낸다. 당신은 그의 행복을 빌어주지만, 그 행복이 당신과 함께였으면 하는 마음은 어쩔 수가 없다. 당신의 행복은 그의 사랑으로 존재하기 때문이다. 어제의 사랑이 아직도 생생하지만 내일의 사랑은 당신들의 몫이 아니다. 하지만 더 먼 미래에는? 그를 막 놓아주었을 때 당신의 손바닥엔 아직 온기가 남아 있었고 당신의 눈빛엔 지난날이 가득했다. '다시 만난다면' '기회가 있다면' '제2의 가능성' 같은 생각을 하지 않을 도리가 없다. 당신은 그런 생각을 동력 삼아 버텨나간다.

 짜오찬런과 헤어지고, 나는 아주 오랫동안 온갖 '우연'의 가능성을 상상했다. 길을 걷다가도, 거리에서도 그녀와 비슷한 생김새를 보면 얼른 뒤쫓아갔다. 영화를 볼 때면 그녀와 비슷한 역할이 자꾸 눈에 들어왔다. 이렇게 작은 도시에서라면 우연히 마주칠 수밖에 없지 않을까. 하지만 다시는 만나지 못할 것만 같았고, 한편으로는 그런 만남이 두렵기도 했다. 다시 만났을 때 이미 서로 낯선 사람이 되어 있을까봐 두려웠다.
 그 시절, 그리움의 깊이와는 무관하게, 나는 늘 내가 잘못해서 그녀를 아프게 했다고 생각했다. 내가 그녀에게 행복을 줄 수 있는 사람이란 생각은 감히 하지도 못했고, 그녀가 아직도 나를 보고 싶어하거나 사랑할지도 모른다는 생각은 더더욱 할 수 없었다. '우리'

는 이미 깨져버렸다. 그래도 내 인생은 이어지고 있었다. 외로움 속에서도, 연애 속에서도, 또는 연애하는 외로움 속에서도.

그녀를 기다린다고도, 기다리지 않는다고도 할 수 없었다. 그녀에게 가장 좋은 일은 내가 그녀의 세계에서 사라지는 거라고 여겼기에 나는 그녀를 '되찾으려는' 모든 노력을 포기했다. 지금 생각해보면 그건 또 다른 깊은 사랑이었다.

어떤 사랑은 노력을 포기한다고 해서 사라지지 않는다. 만나지 않는다고 해서 옅어지지도 않는다. 또 어떤 사랑은 아침저녁으로 함께해도 처음처럼 한결같지는 않다.

당신이 할 수 있는 일은 사랑의 순수함을 지키는 것뿐이다. 일부러 좇거나 기다리지 말고, 그냥 모든 걸 가라앉힌 다음 시간이 당신에게 무엇을 남겨주는지 지켜보는 거다.

떨어져 지내는 하루하루 속에서 갖가지 감정이 떠내려간다. 고통, 적막, 슬픔, 후회, 심지어 분노까지도. 시간도 느릿느릿 흘러간다. 당신은 누군가를 만나도 된다. 그 사람과 다시 만날 가능성을 기다리느라 다른 사람과의 만남을 거부할 필요는 없다. 사랑은 두 사람의 일이다. 그렇기에 사랑에 관한 공부 또한 혼자서는 해내기 힘들다.

다른 사람을 사랑하기를 두려워 말고, 외로움 때문에 일부러 다른 사랑을 찾지도 말자. 사실 이 두 가지 일이 벌어질 가능성은 매우 높다. 벌어지면 벌어지는 거다. 다만 이것만큼은 명심하자. 다시는 같은 실수를 되풀이하지 않는다. 언제나 진심을 다해 사랑한다.

어쩌면 두 사람이 다시 만나게 될지도 모른다. 미래에 어떤 일이 당신을 기다리고 있을지는 아무도 모른다. 어찌 됐든 당신이 여전히 사랑할 수 있는 사람이라면, 사랑에 대한 믿음을 지켜간다면, 그렇다면 사랑을 위한 끊임없는 노력도 언제나 남아 있을 것이다.

무엇보다 그녀를 사랑하는 마음을 지킴으로써 당신은 허무해지지 않을 것이다. 의지가 꺾이지도, 무너지지도 않을 것이다. 더 폭넓은 인생을 향해 차츰 나아갈 것이다. 그러고 나면, 어쩌면 당신은 더 이상 그녀의 연인이 될 수 없을지도 모른다. 당신도 알다시피 누군가를 사랑하는 것은 소유하기 위해서가 아니니까 말이다. 그래도 그녀는 다른 방식으로 당신의 삶을 풍요롭게 만들어주었으리라.

'배신과 거짓말'에 관하여

 아니, 배신에 대해서는 사실 뭐라 할 말이 없다. 그건 너무 힘든 일이라 말하기 쉽지 않다. 그러면 '거짓말'에 관해 이야기해보라고?

 거짓말과 배신은 맞물려 자라나는 문제 같은데…… 어렵다, 어려워! 나 역시 한때는 연인을 배신한 사람이었고 또 한때는 배신당한 사람이었다. 여러 이유로 거짓말을 했고, 여러 이유로 상처받았다.

 예전에 오랜 시간을 들여 미친 듯이 생각한 적이 있다. '거짓말'과 '배신'이란 대체 뭘까. 이 두 단어는 왜 이토록 묵직하게 다가와 입에 올리기조차 힘겨운 걸까. 사랑하는 그 사람이 나도 모르는 사이에 다른 이와 데이트하고, 침대에 오르고, 또 데이트하고 또 침대에

올랐다. 나는 전혀 모른 채 그저 그녀에게 다른 일이 있다고만 생각했고, 그녀가 그렇게 말하기도 했다. 나중에 알고 보니 그녀는 다른 사람과 함께 있었다. 그런 사실을 알게 되자 '왜 나를 배신했어?' '왜 날 속였는데?' 같은 상투적인 말이 머릿속에서 요란하게 울렸지만 소리 내어 말할 수 없었다. 너무나 혼란스러웠다. '그녀가 다른 사람과 데이트하는 일'이 왜 그렇게 쉽게 '배신' '거짓말'과 연결될까? 하지만 그게 아니면 달리 설명할 말이 없었다. 그때 나는 정신적으로 큰 충격을 받았고, 언어조차 꼼짝없이 갇혀버린 듯했다.

젊은 시절 나는 경솔하고 놀기 좋아했으며, 운명의 장난에 자신감 부족이 더해져 연인을 저버리는 역할을 여러 번 연기했다. 그러면서 '배신' '거짓말' '가해' 같은 죄명을 나한테 우수수 뒤집어씌웠다. 그게 아니라고 말하고 싶어도 더 나은 말을 찾지 못했고, 근본적으로는 스스로도 그렇다고 인정하고 있었다. 그때 나는 사랑을 제대로 이해하지 못했으며 나 자신은 더더욱 알지 못했다. 그저 사랑이 무섭기만 했다. 사랑은 자신과 타인을 악마로 만들어버릴 수 있었으니까.

이런 상황이 닥칠 때 가장 먼저 해야 할 일은 냉정을 되찾는 거라고 생각한다. 불가능에 가까운 일이긴 하다. 거짓말을 듣는 순간 인간은 '과거가 부정되고' '역사가 새로 쓰이는' 생리적 반응을 보인다. 이는 도미노가 쓰러지듯 연쇄 반응을 일으킨다. 속임을 당한 쪽은 즉각 '과거의 모든 일이 거짓말 아니야?'의 단계로 들어서고, 속인 쪽은 '망했다, 다신 나를 안 믿겠네'의 단계로 들어선다. 두 사람이 몇 년을 함께했든 '다른 사람과의 육체적 관계'에 관한 거짓말은 모든 것을 바꿔놓는다.

세상에는 온갖 종류의 거짓말이 있다. 하지만 특히 사랑에 관한 거짓말은 인격과 역사적 기억까지 바꿔버리는 위력을 지닌다.

냉정을 되찾았으면 그다음엔 뭘 해야 하나? 대뜸 '기억 세척' 단계로 진입해 모든 걸 뒤집어버리진 말자. 마음이 차분해졌으면, 가능한 한 일단 상대방의 얘기를 들어보자.

이것도 쉽진 않다. 더 이상 거짓말을 듣고 싶진 않을 테니까. 하지만 당신에게 지금 진실을 들을 능력과 의지 또는 필요가 있나? 꼭 그렇진 않을 거다. 아무튼 그때는 무슨 말을 듣든 모두 상처였다. 솔직하게 털어놓음으로써 그는 두 번째 상처를 줬고, 당신에게 애교를 부리며 또 한 번 당신을 기만했다. "다시는 거짓말 안 할게"라는 그의 약속은 훗날 또 다른 거짓말을 낳는 나쁜 씨앗이었다.

게다가 당신은 그때 틀림없이 분노하고 상심했을 것이다. 하늘에 대고 욕하며 울부짖고, 심지어 뛰어내리려 하거나 손목을 그으려 했을지도 모른다. 당신의 세계가 와르르 무너졌는데 어떻게 냉정하란 말인가?

미리부터 연습하면 그런 사고 습관을 들일 수 있을 거다. 무슨 일이 벌어지든 사실관계와 전후 사정부터 정확히 알아보고, 아무리 슬퍼도 남에게 상처 주는 말을 하거나 스스로를 다치게 해서는 안 된다. 연애를 하고 싶다면 이런 사전 훈련을 거쳐야 한다.

미친 듯이 생각했던 그때, 나를 가장 큰 고민에 빠뜨린 문제는 '그녀가 다른 사람과 연애하는 게 왜 이토록 고통스러울까'였다. 대부분은 이를 당연하게 여길 것이다. 그녀는 당신의 연인이잖아!

그렇다고 그게 필연적인가?

"아니, 나를 가장 아프게 한 건 배신이 아니라 거짓

말이었어." 이렇게 말하는 사람도 있지만, 내가 보기에 그건 드라마 대사다.

나에겐 이런 말이 깊이 와닿았다. "나에게 모욕감을 줬어." "남들이 알면 뼛속까지 비웃겠지." "이렇게 간단한 거짓말도 못 알아차리고, 완전 바보였어." "분명 그 사람한테 아무 느낌도 없다고 했는데, 그걸 믿다니……."

간단히 말해보겠다. 이런 감정은 대부분 '내가 입은 상처'에서 생겨나고, 상대의 거짓말과 행동은 대부분 그의 개인적인 즐거움과 편의에서 비롯된다. 무난하게 넘어가려는 의도였을 뿐 내가 '잘 속아서' 그런 것도 아니고 나를 '모욕하려고' 그런 건 더더욱 아니다. 그러면 남들은 다 아는데 나만 몰랐다는 건? 그거야 당연하다. 내가 그녀의 연인이니 나에게 가장 숨겨야 할 일 아닌가.

왜 거짓말을 했을까? 사실대로 말해봤자 소용없으니까 그랬을 거다. 솔직히 털어놓으면 내가 그러라고 하겠는가? "저녁에 아무개랑 데이트할 거야"라고 솔직히 말하면 내가 "그래, 추우니까 옷 두둑하게 입고 가"라고 했을까? 불가능한 일이다.

그렇다면 내가 슬퍼하고 안 된다고 할 걸 뻔히 알면서 왜 굳이 그런 짓을 하려 했을까? 나를 충분히 사랑하지 않아서겠지? 아무래도 사람이란 언젠가는 그런 일을 하게 되는 법인가보다. 사랑하는 사람을 아프게 하고, 게다가 아프게 하는 줄 뻔히 알면서도 아랑곳없이 그렇게 해버린다.

왜일까?

사랑은 너무 복잡하기 때문이다. 관계란 그렇게 쉬운 게 아니기 때문이다. 또…… 연애란 늘 자신과 타인의 진실된 모습을 비추기 때문이다. 일찍이 당신을 사랑한다고 말한 사람이 다른 사람을 사랑할 수도 있다. 그가 너무 나약할 수도 있고, 놀기 좋아해서 또는 자기 통제력이 없어서 그럴 수도 있다. 또는 당신들의 관계가 이미 변질되어 출구를 찾고 있는 중인지도 모른다. 거짓말이 습관일 수도 있고, 이기심 때문일 수도 있다. 당신이 아파할까봐 걱정할 가능성도 매우 높다.

양다리를 걸친 많은 사람에게 들은 얘기다. 연인에게 감히 이별을 말하지 못하고 몰래 바람피우는 이유는 "헤어지면 죽어버리겠다고 해서"란다. 물론 그런 이유로 계속 양다리를 걸치고는 문제를 해결하지 않는 것도 이기적이고 나약하다는 증거다. 하지만 자꾸 목숨으로 사랑을 보장받으려 하면, 그러면 안전감이 생긴다고 생각할지 모르지만 오히려 심각하게 다칠 가능성이 크다. 사랑은 위협받지 않는다. 위협으로 만들어낸 사랑은 쉽게 변질된다.

그런데 언제부터 그렇게 됐을까? 언제부터 누군가를 사랑하는 순간 그 사람은 내 책임이 되고 그의 생사는 나와 떨어질 수 없는 게 됐을까? 대체 무슨 이유로 나를 사랑한다는 말은 곧 영원히 나를 사랑해야 한다는 뜻이라고, 그 사람의 모든 것이 내 것이 된다고 여기게 됐지?

두 사람의 관계에는 불문율이 존재한다. 그런데 어떤 이들은 그걸 입 밖에 내고 글로 쓰고 약속으로 바꾼다. 그게 바로 '일대일' 관계라는 것이다. 어떤 이들은 두 사람이 서로 인정하기도 전부터 '일대일, 영원히 함께'라는 조항을 덧붙인다.

그게 이미 사랑의 기본으로 자리 잡은 모양이다.

하지만 그런 생각에는 중대한 문제가 있다.

사람마다 감정 상태가 다른 것은 물론이고, 나이도 배경도 출신도, 독립 능력과 성숙의 정도도 전부 다르다. 상대방이 깊고 오래가는 관계를 감당할 수 있는지는 아직 알 수 없다. 내 생각에 사랑에서 가장 중요한 것은 '일대일, 영원히 함께'가 아니다. 그건 연인들이 하나가 되고 싶은 욕망이 가장 강렬할 때 무의식중에 생겨나는 생각이다. 그건 사랑 속에서 열정이 타오르고 영혼이 결합하는 순간에 나오는 가장 아름다운 맹세다. 하지만 참고로 삼고 일종의 사랑 고백으로 여겨야지, 그걸 계약으로 간주해선 안 된다. 결혼을 약속한 두 사람이라 해도 언젠가는 마음이 달라질 수 있으며, 그것은 사랑이 피어나고 스러지는 과정의 한 부분임을 알아야 한다.

사랑은 너무나 복잡하다. 사람의 느낌, 정서, 반응, 성장, 인연은 예측할 수 없는 기나긴 과정이기에, 온 마음을 다해 사랑하고 모든 걸 바친다 해도 사랑이 변치 않는다는 보장은 못 한다. 중요한 건 따로 있다. 사랑은 어떻게 변할까? 그럴 때 우리는 어떻게 해야 할까?

어떻게든 선한 마음을 지켜내고, 무슨 일이 있어도 폭력으로 대응하지 말아야 한다고 생각한다. 모든 일은 성심성의껏, 하지만 능력껏 한다. 이런 생각을 단단히 붙들고, 어떤 변화를 겪더라도 자기 자신을 잃지 말자.

사랑은 원래 인생 최고의 수련장이며, 연인은 소유물이 아니라 당신과 함께 사랑을 배우러 온 사람이다. 서로 존중하고 이해하는 법을 배우며 상대를 더 자유롭게 해줘야지, 소유하겠다고 안간힘을 써서는 안 된다.

거짓말 이야기로 돌아가자. 거짓말이 우리를 아프게 하는 가장 큰 이유는 안전감을 파괴하기 때문이다. 또 다른 이유는, 과거의 나처럼 자존감이 낮다면 거짓말이 나를 얕잡아보는 행위로 여겨지기 때문이다. 더불어, 당연히 신뢰의 문제이기도 하다.

그런데 내 생각에 이런 문제들은 평상시에도 늘 시험대에 오른다. 한 사람에 대한 이해는 차근차근 쌓여가는 것이지만 꼭 온전한 이해에 이른다는 법은 없다. 그런데 우리는 이해하지 못한 사람에게도 충성을 요구한다. 그렇게 얻은 충성은 신뢰할 수 없다. 또 '배신'은 천재天災로, '거짓말'은 인재人災로 간주한다. 둘 다 실제로 발생할 수 있는 일인데도 일어나서는 안 되는 일로 여기기 때문이다. 우리는 그 일이 좀더 부드럽게 일어나거나 아예 일어나지 않게 하는 법, 그리고 뒷수습을 잘하는 법을 고민해야 한다.

그런데 보통은 이런 걸 고민하지 않거나 왜곡된 방식으로 고민한다. 예를 들면 목적도 모른 채 무작정 상대의 휴대폰, 영수증, 메시지를 검사한다. 예방을 하려는 걸까, 뭔가 낌새를 맡은 걸까? 아니면 검사로 재난을 통제할 수 있다고 여기는 걸까? 더 심각한 경우는, 내가 검사하고 싶으면 하는 거고 심지어 그럴 자격이 있다고 생각하는 것이다. 상대가 못 보게 하면 화를 내거나 몰래 본다.

때로는 변질된 감정을 마주하고 그에게 다른 애인이 있다는 사실을 알아차린다. 당신도 몇몇 거짓말에 속고 만 거다. 당신은 슬퍼하고 아파하며 울부짖는다. 하지만 당신은 용서하고 좋았던 관계를 회복하기를 택하며, 그도 당신에게 돌아오길 원한다. 그러고 나서 그는 또 속이고, 또 배신하고, 당신은 거듭거듭 '상처를 입는다'.

그 과정은 분명 고통스러울 것이다. 하지만 어떤 일들은 피할 수 있을지도 모른다. 첫 번째 거짓말을 들었다면, 거짓말이 사람을 다치게 하는 이유를 이해하고 그런 이유들 속에서 천천히 출구를 찾아야 한다. 긴 일생을 살아가며 우리는 늘 거짓말과 맞닥뜨린다. 거짓말은 언어의 한 가지 방식일 뿐이며 원인은 수없이 많다. 다른 사람이 우리에게 솔직하지 못하다면 우리에게도 책임이 있다. 상대방이 습관적으로 뭐든 거짓말하는 사람이라면 물론 그에게 책임이 있지만, 누구에게 책임이 있든 죽자 사자 할 상황은 아니다. 어쩌면 우리는 거짓말 속에서 진실을 이해할 수도 있다. 당신이 충분히 침착하다면 이미 위험한 시기를 벗어난 것이다. 시간이 당신을 위로하고 있다.

용서를 택했다면 끝까지 용서하자. 물론 모든 걸 다 참아내야 한다는 뜻은 아니다. 사랑에 기반하여 용서를 택했다면, 당신도 알다시피 신뢰 회복에는 시간이 좀 필요하다. 그가 다른 사람으로부터 당신에게로 돌아오려면 시간이 필요한 것처럼, 상처받은 마음에는 시간이 필요하고 이해가 필요하고 소통이 필요하다.

어쩌면 약간의 운이 필요할 수도 있다. 상대방이 우리를 속일 때, 다른 사람을 사랑하게 됐을 때 우리는 어떻게 해야 할까. 스스로를 대단하게 여기거나 "봐, 내가 널 얼마나 사랑하는지" 하면서 받아들이는 게 아니라, "사랑은 소유가 아니라는 걸 알지만 나 진짜 힘들어. 그래도, 이렇게 많이 슬퍼도 난 네 선택을 존중해"를 택해야 한다. 기다림이나 용서를 택하는 데에는 다시는 상처 주지 않겠다는 상대의 약속이 아니라 당신의 능력이 필요하다.

그 시간 동안 당신은 스스로를 배우고 알아갈 수 있다. 포기하지 않는 이유가 사랑 때문인지 아니면 단지 상실이 두렵기 때문인지 분명히 정리하려 노력할 수 있다.

놓아주기 싫은 건 미련이 남아서일까?

당신이 용서하고 받아들였는데 나중에 그가 또다시 당신을 속였다는 사실을 알게 될 수도 있다. 그건 그가 정말로 다른 사람을 더 좋아해서일 수도 있고, 지금의 관계에 긴장을 느껴서일 수도 있으며, 근본적으로는 아직 어떤 관계에 안착하길 원치 않아서일 수도 있다. 또 한 가지 가능성이 있다. 당신이 진지하게 생각할 때 그는 도피하고 고민하지 않는 쪽을 택하고는 그냥 내키는 대로 행동했을 수도 있다.

그렇다고 스스로를 다치게 하고 망가뜨려선 안 된다. 어쩌면 우리가 사랑하는 사람은 미성숙하고, 안정될 수 없으며, 사랑하는 법을 모르고, 타인의 선의에 기대려 하는 제멋대로인 연인일지도 모른다. 하지만 그것 역시 아름다운 사랑이다.

당신은 용서를 택할 수 있다. 또 용서한 뒤 이별을 택할 수도 있다. 지금의 감정, 분노와 슬픔을 잠시 접어두고 일단 이 상황에서 벗어나기를 선택할 수도 있다.

이 모든 것을 스스로 선택할 수 있고, 선택했지만 실행은 못 할 수도 있다. 상대방도 마찬가지다. 그러면 다른 방식을 택하면 된다. 어떻게든 조정하며 서로에게 좋은 결정으로 이끌 수 있다.

사랑은 생사를 건 계약이 아니다. 사랑은 자유의지에 따라 약속된 상호작용이다. 전적으로 자연스러워야지, 강요로 되는 일이 절대 아니다.

분명하게 정리하려 애써도 잘 안 될 수도 있다. 그러면 그냥 마음속에 간직하자. 세상에는 인력으로는 안 되는 일이 많다. 내가 진심으로 대해도 상대는 그에 응하지 못할 수도 있다. 더구나 우리가 꼭 그렇게 차분할 수 있으리라는 법은 없다. 차분하지 않은 우리 앞에서, 상대는 자신의 진심이 어디로 향하는지 차마 말을 못 꺼낼 수도 있다.

  사랑에 절망했다고 스스로에게 실망하진 말자. 내 생각에, 거짓말에 상처받아도 우리는 우리 마음을 온전히 지키며 사랑의 초심을 보호할 수 있다. 그러고 나서 유연하고 성숙하며 독립적이고 자신감 있는 사람이 되자고 스스로를 일깨울 수 있다.

  거짓말이 있었다 해도, 그것이 배신이라 불린다 해도, 이미 존재하는 아름다운 부분은 누구도 파기할 수 없다. 바로 그 부분이 우리를 계속 사랑하게 만들고 더 열심히 배우게 만들어 성장시킨다. 진정으로 성숙하고 강인하며 자신감 있는 사람은 가시덤불 속에서도 한 송이 장미를 꺼낼 수 있다.

'선택'에 관하여

 당신은 묻는다. 놓아주어야 하나, 아니면 붙잡고 버텨야 하나? 놓아주면 완전히 남남이 돼버릴 것 같고, 버티다간 억지로 친구로 지내야 하는 상황이 될 것 같은데 어느 쪽이 나을지 알 수 없다. 걱정스럽고 불안한 마음이 일상에도 심각한 영향을 끼치고 있다.

 이런 대답을 해주고 싶다. 사랑할 때는 거의 언제나 선택의 순간이 닥친다. 고백, 약속, 이별, 버티기, 놓아주기······.
 이뿐만이 아니다. 연인들의 삶에는 수많은 미묘한 선택으로 가득하다.

놓아주는 순간, 다음 기회가 있을지 없을지는 영영 알 수 없다. 고통이 사라지기까지 얼마나 걸릴지도 알 수 없다. 상대가 나중에 당신을 기억할지, 당신이 외로운 사랑을 얼마나 오래 할지, 아무것도 알 수 없다. 이 미지 속에서 그를 놓아주길 선택한다면 이유는 아주 간단하다. 그가 행복하기를 바라기 때문이다. 그를 행복하게 하는 방식이 이별일지라도, 훗날 그가 후회할지라도, 사람은 늘 변하기 마련일지라도 말이다. 흐름이 바뀐 강이 장차 어떤 모습이 될지는 아무도 모른다. 강물은 그저 쉬지 않고 앞으로 흘러갈 뿐이다.

당신에게 선택지가 없는 것은 아니다. 다만 지금 이 순간 고통을 동반하지 않는 선택지는 없을 수도 있다. 그래도 우리는 고통을 피하려고만 하기보다 이런 고통 속에서도 최소한 사랑을 향해 나아가고 있기를 바란다. 마찬가지로 사랑할 기회가 찾아오면 '소유'하거나 '사랑받을' 만족을 누리려는 것이 아니라 최선을 다해 사랑하기를 바란다.

어떤 놓아주기는 버티기와 비슷하다. 어쩌면 놓아주는 행위 자체에 끈질긴 의지가 담겨 있을 수도 있다. 그 사람은 이렇게 말한다. 친구로 남자고. 느낌이 없어졌다고. 떨어져 있는 게 낫겠다고. 다른 사람과 함께하고 싶다고. 너를 사랑하지 않게 됐다고. 사랑하긴 하는데 방법이 없다고. 또는 "이제 그만 만나"라고 잘라 말한다.

이런저런 말들, 한마디 한마디가 당신의 삶을 갈가리 찢어놓을 수 있다.

그런데 내 생각은 이렇다. 사랑의 초입이든 사랑의 끝자락이든 간에 우리는 상대방에게 떠나지 말라고 할 방도가 없다. 또 우리 자신도 강렬한 사랑을 하다가 갑자기 친구로 바뀔 순 없는 노릇이다. 우리가 할 수 있는 일은 그 사랑의 마음을 지키는 것뿐이다. 그 아름다운 사랑을 파괴하지 않기 위해 놓아주기를 택했다면, 놓아주는 순간에도 축복과 믿음만큼은 굳게 지켜내자. 그 사랑은 분명 존재했고, 어느 시공간에 완벽하게 보존되어 있을 것이다.

당신은 사건의 전말도 제대로 모른 채 막바지에 이르고 말았다. 보완하고 싶고, 되돌리고 싶고, 노력하고 싶고, 기적이 일어났으면 싶다. 악몽에서 깨어나 모든 것이 과거의 달콤함으로 되돌아갔으면 싶다.

그래도 그냥 용감하게 걸어들어가자. 진정한 사랑이라 해도 능력이 부족한 순간이 온다. 친구로 남지 못해 미안할 수 있지만, 사실 그 마음은 아무렇지 않게 친구로 지내겠다는 것보다 더 신중하고 진지하다. 언젠가는 현실에서 서로 잘 지낼 방법을 찾을지도 모르고, 그렇지 않을지도 모른다. 어쩌면 이 과정을 겪으며 천천히 성장할지도 모른다. 자신의 한계를, 갈등과 걱정을, 되돌리려는 마음을 극복한다면, 마침내 그 순수한 사랑의 첫 마음으로 돌아갈 수 있을 것이다.

어쩌면 그런 일은 일어나지 않을지도 모른다. 두 사람은 서로의 삶에서 추억으로만 남을지도 모른다.

놓아주느냐 버티느냐, 어떤 선택을 하든 변치 않는 것은, 우리의 선택은 사랑을 위해서지 필요를 위해서가 아니라는 사실이다. 우리의 선택은 상대방을 위한 양보이지 자신을 만족시키려는 게 아니라는 사실이다.

당신이 진정 사랑으로 향하는 선택을 한다면 그 격한 고통도 언젠가는 가라앉을 것이다. 그때가 되면 당신은 이미 알고 있을 것이다. 어떤 사랑은 형식도 시공간도 초월한다는 걸, 두 사람의 세계는 사라진 듯 보여도 사랑하는 그 마음이 상실의 고통을 이겨내고 다음 사랑을 배우러 나아갈 기회를 주리라는 걸.

그 사랑에 가장 좋은 방식을 용감하게 선택하자. 그러고 나면 그에 따르는 고통과 단련을 짊어지고 그 길을 걸어가자. 그렇게 그는 자유를, 당신은 성장을 얻을 것이다.

'상처'에 관하여

거리에서 그들을 목격한 순간, 당신의 몽유병이 시작된다.

그들의 등장과 퇴장을 지켜본 당신은 그를 쫓아가 이야기를 해본다. 그는 떠나고 당신은 남는다. 별일 아냐, 그냥 우연히 만났어. 별일 아냐, 그냥 친구 손을 잡은 거야. 별일 아냐, 너무 깊이 생각하지 마.

별일 아니다. 자꾸 생각해봤자 당신에게만 상처가 될 뿐이다.

아마 꿈속에서는 더 일찍 시작됐을 거다. 당신은 몇 년 전부터 모든 걸 예감하고 내내 준비하고 있었을 수도, 그렇지 않을 수도 있다. 그러다 결국 사랑 속으로 서서히 걸어 들어갔고, 당신의 삶도 안정을 향해 나아가고 있었다. 그러던 어느 날 문을 나서자마자 마주친 장면이 당신을 완전히 무너뜨렸다.

양다리. 절대 생각하고 싶지 않던 단어가 자막처럼 당신의 시야에 들어와 밤낮으로 따라다닌다. 꿈속에서도 당신을 놓아주지 않는다.

양다리. 당신은 이 단어가 가하는 상처에서 벗어나려고 이리저리 달아난다. 당신의 상황에 더 잘 들어맞고, 그의 행위를 더 잘 해석할 수 있으며, 동시에 사랑을 해치지 않는 표현을 찾고 싶다. 당신은 사랑이 소유가 아니라는 걸 안다. 그런데 왜 그가 다른 사람과 손잡은 모습을 보자 심장이 터져버리는 기분이 들까.

왜 나야? 나한테 왜 이래? 내가 뭘 잘못했는데? '왜? 왜? 왜?'가 당신을 구석으로 몰아넣는다. 더 많은 '왜?'가 과거를 왜곡한다. 두 사람을 사랑하게 만든 이유는 기억에서 거의 사라졌다. 기억 속의 그 사람, 그가 당신에게 말해준 세계, 그리고 두 사람이 함께 만든 지난날, 작은 집의 평온한 뜰, 부엌 살림살이, 겨울날의 난로…… 기억은 녹아버린 얼음처럼 무자비하게 사라진다. 마지막 남은 기억이 그렇게 가슴 아픈 장면일 줄은 꿈에도 몰랐다!

 벽에 얼굴을 갖다댄다. 머릿속에서 불길이 활활 타오른다. 세상이 나한테 왜 이래? 가장 친밀한 사람에게 배신당할 때 상처도 가장 깊다는 걸 알잖아. 그런데 왜 아무리 조심해도 피할 수가 없지? 나를 가장 잘 이해하는 그 사람마저 똑같은 식으로 또다시 나한테 상처를 입히다니?

 이제 울음조차 나오지 않는다. 거리에는 즐거운 사람들로 가득하고 당신의 고통은 그들의 즐거움에 희석된 것 같다. 모든 것이 꿈 같은데, 악몽 깊은 곳에 또다른 악몽이 있다. 당신은 무감각해졌지만, 이미 무감각해진 몸속에서 억제할 수 없는 무언가가 자꾸만 산산조각 나는 이유는 알지 못한다.

 당신이 내 곁에 있다면, 나는 당신에게 뜨거운 차와 따뜻한 담요를 내주련다. 방을 편안하게 꾸며주고, 당신을 데리고 산책하러 나가련다. 당신이 아무것도 원하지 않는다면, 울고 싶은 만큼 울게 놔두련다. 소리를 지르고 싶으면 질러도 된다. 조용히 있고 싶으면 고양이를 품에 안고, 자고 싶으면 따뜻한 이불 속으로 숨어들라.

우리가 여기 있으니.

침대 맡에서 동화를 들려주듯 당신에게 말해줄 것이다. 당신은 미치지 않았다고, 그럴 리가 없다고. 어릴 적부터 겪어온 일들이 당신을 상상했던 것보다 더 강한 사람으로 단련시켰다고. 지금 당신은 그저 잠시 길을 잃었고, 연결이 끊겼고, 기회를 놓쳤을 뿐이라고.

스스로를 일깨워야 한다. 이건 단지 꿈속 여행일 뿐이라고, 깨어나면 현실로 돌아와야 한다고. 그때 우리가 다시 일어서려는 당신을 부축해줄 것이다.

스스로를 믿어야 한다. 인간의 의지는 우리가 이미 내린 정의를 뛰어넘을 수 있다. 자신에 대한 견해든 세상에 대한 이해든, 지금 상처라고 부르는 그것이 당신의 핵심을 다치게 한다는 법은 없다. 자신에 대한 믿음은 그것을 살갗에 입은 상처로 바꾸어 당신을 구해낼 수 있다.

이렇게 되물을지도 모르겠다. 그래도 상처는 상처잖아, 아주 확실한 상처! 도대체 왜 결말이 거짓말로 뒤덮여야 해? 날 이렇게 혼란스럽게, 확신할 수 없게 만드는 이유가 뭔데?

어째서 떠나야 할지, 남아야 할지, 용서해야 할지, 아니면 완전히 포기해야 할지조차 불분명한 건데? 겨우겨우 이성을 조금 찾아봤자, 새로운 증거가 나와서 또 상처받는 거 아냐?

사랑과 욕망과 충성과 믿음, 인간의 나약함과 언어의 마력에 관해 지금 당장은 나도 어떻게 말해야 할지 모르겠다. 하지만 이것 하나만큼은 확실하다. 아무리 많은 거짓말이 있더라도 그것들은 당신을 잠깐 현혹할 뿐이다. 그것들은 당신을 완전히 새로운 곳으로, 기댈 데조차 없는 곳으로 데려간다. 당신의 묵은 상처를 건드려 죽는 게 낫겠다는 생각을 불러일으킨다. 정말 아무것도 남아 있지 않다니, 가슴 아프고 당황스럽겠지. 지난 몇 년 동안 왜 여기까지 한 발짝 한 발짝 걸어온 걸까, 출구도 없는 완전한 사각지대로 온 이유가 뭘까.

뒤를 돌아보자. 그리고 원래의 길로 발길을 되돌려보자. 당신을 가장 고통스럽게 만드는 장면이 그 길목을 가로막고 있다 해도 말이다.

처음을 생각해보면, 사랑이 오기 전에는 우리도 혈혈단신이었다. 그 사람이 지금의 이 믿지 못할 사람이 되기 전에 우리는 그에게 아무것도 바라지 않았다. '바라는 것도, 의지할 곳도 없는' 그때의 우리가 사랑의 본질에 가장 가까운 상태다. 우리는 보장을 원하지 않고 보답을 바라지 않고 득실을 따지지 않았다. 이것이 한 차례의 만남이라는 걸, 연인은 우리의 벗이자 스승이자 가족이며 가장 훌륭한 거울이라는 걸 마음속으로는 이미 알고 있었으니까.

처음을 생각하면 더 쓰라릴지도 모른다. 하지만 아무리 아프고 슬프고 혼란스럽고 분노가 치밀어도, 모두 다 소중한 감정이니 받아들이자. 진정한 사랑은 때로 악마와 같은 시련으로 변해버린다. 칼날로 차례차례 베이는 듯한, 지금껏 겪어본 적 없는 그 고통을 소중히 여기자. 그걸 견뎌낸다면 당신은 인생의 또 다른 단계로 나아갈 것이다. 더 성숙해질 것이다.

  이 단계에서 당신을 가장 괴롭히는 건 '곤혹'일 테다. 모순되는 온갖 감정과 상념과 행동 그리고 '어디로 가야 할지, 어떻게 해야 할지 모르는' 초조함 말이다. 그런 상태로 어떻게 '신뢰'나 '용서'나 '이해' 같은 거대한 문제를 처리하겠나. 이 단계에서는 자기 자신을 지켜줘야 한다. 머릿속에 떠오른 자해 생각이 이 사건을 영원히 아물지 않는 상처로 키우지 않게 마음을 다잡아야 한다. 어떤 감정이든 자연스레 나타났다 자연스레 사라지게 해야 한다. 물에 빠지면 구명튜브를 붙잡듯 가장 소중한 신념을 꽉 붙들어야 한다. 당신에게 그게 뭔지는 모르겠지만 틀림없이 있을 것이다. 당신은 그것을 찾아 단단히 지켜내야 한다. 그런 다음 원래의 길로 천천히 돌아와 출구를 찾아서 좀더 밝은 곳으로 나아가는 거다.

  사랑을 줄 수 있는 사람이야말로 진정한 강자다. 진심으로 헌신한 당신은 아무 거리낌 없이 당당하게 앞으로 나아갈 수 있다. 울음이 그치지 않는다 해도, 당신은 여전히 사랑할 능력이 있는 사람이다. 그게 가장 중요하다.

'마무리'에 관하여

    어떤 관계에서 선택이 어려운 이유는 상대방이 이미 포기했기 때문이다. 그러면 당신은 그저 기다리거나 놓아줄 수밖에 없다(또는 계속 친구로 남기로 하거나). 상대가 헤어지려고는 하지 않지만 그의 행동이 당신의 한계를 넘어서는 경우도 있다. 그러면 당신은 따뜻한 물에서 서서히 익어간다. 단지 그는 당신을 사랑하고 당신은 그를 사랑하는 것처럼 보이기 때문이다. 이유는 잘 몰라도 관계를 지속할 수 없다고 느낄 때가 있다. 당신은 이미 한도 초과 상태다. 당신의 인생은 끊임없이 그의 방향으로 수정되고 기울어져 걸을 수도 없게 됐다. 계속 걸어가다간 미쳐버릴지도 모른다.

여전히 사랑 중인 관계를 결연히 끝내려면, 헤어지자고 말할 생각이 없는 사람을 단호하게 거부해야 한다. 굉장히 힘든 일이다. 그래도 당신은 한밤중에 짐을 챙겨 그를 떠났다. 아직 사랑하기 때문에, 그리고 서로에게 상처 주지 않는 마무리를 해낼 능력이 있기 때문에.

강추위가 몰아치는 밤에 당신은 무슨 생각을 했을까. 아마 '왜?'를 거듭 생각하고 있었을 것이다. 당신은 사랑의 참뜻을 분명히 깨달았다. 그리고 조금씩 조금씩 노력해서 그를 구속하지 않고, 옭아매지 않고, 그에게 축복과 도움과 자유를 주는 일을 기어이 해냈다. 그런데 왜 계속 마음에 뭐가 얹힌 것 같을까. 그가 자유를 사랑한다는 걸, 당신도 그에게 기꺼이 자유를 주었다는 걸 아는데도 실제로 누군가가 끼어들었다는 사실은 여전히 견디기 힘들다.

괜찮다. 이건 사랑의 문제가 아니라 능력의 문제라고 말하고 싶다. 할 수 없는 일을 억지로 할 필요는 없다.
상대를 억지로 바꾸려 하지 말고, 내 생각을 억지로

버리려 하지도 말자. 당신이 일대일 관계를 고집하는 것은 상대방의 자유를 무참히 짓밟는 것이 아니다. 관계란 사랑 위에 연인이 함께 머물 집을 짓는 것이다. 현실에서 실현 가능해야 하며 규칙은 쌍방이 직접 정한다. 상대가 충실하기를 기대하는 것은 지나친 요구가 아니라 개인의 선택이다.

그래도 스스로를 격려하며 상처로 인한 찢어지는 고통에서 사랑의 초심으로 서서히 돌아가야 한다. 결정을 내렸으면 가슴이 찢어지는 느낌을 참아내야 한다. 눈물을 참을 수 없고 그를 탓하고 싶은 마음을 억누를 수 없겠지만 진심으로 그를 미워하는 건 아닐 테니까. 당신의 마무리는 사랑하지 않는 듯 보여도 사실은 사랑에 기반한 것이다.

아직 사랑하기 때문에 당신은 상대가 끝끝내 '배신'의 선을 넘는 모습을 보고 싶지 않다. 과거에 세운 모든 아름다운 건축물이 무너지는 장면을 보고 싶지 않다. 마지막 순간에 무너져내리며 과거에 짊어졌던 상처를 들추고 싶지 않다. 당신은 힘없이 말할 뿐이다. "더 이상 내가 할 수 있는 게 없어."

무력함도 일종의 사랑 표현이다.

당신이 또 어디로 가게 될지는 나도 모른다. 오토바이를 타고 배낭을 메고 웅장한 자연 속을 홀로 여행하는 것처럼 사랑도 하나의 여행이다. 어떤 동반자는 당신의 인생에 불가사의한 반전을 가져다주고, 또 어떤 동반자는 당신의 인생을 찬란하고 풍부하게 만들어준다. 하지만 그와 함께 인생을 걸어가려면 아마도 심신이 모두 피폐해지는 시련을 거쳐야 할 것이다.

며칠을 목놓아 울었다 해도, 내가 느끼기에 당신은 줄곧 강해지고 있다. 끝이 다가오는 것은 라디오에서 우연히 당신이 가장 사랑하는 노래가 흘러나오는 것과 같다. 가게에 들어가 귀를 기울이던 당신은 음악이 완전히 끝난 뒤에야 정신을 차린다.

끝났다.

하지만 이것은 또 다른 여정의 시작이다.

내 생각에 우리는 더 강해지기를, 더 멀리 가기를 기대해도 괜찮다. 풍요로운 세상의 모습이 우리 삶을 또다시 차례로 변화시키기를 기대해도 된다. 우리는 사랑을 했고, 앞으로도 사랑할 수 있다. 관계를 부드럽게 끝내는 법은 사랑 공부에서 가장 중요한 부분이다. 후회하지 말자. 기억을 송두리째 씻어내지 말자. 지금은 아무것도 남지 않은 것처럼 보이겠지. 그렇다면 처음부터 다시 시작하는 거다. 결국 당신은 자신에게 속한 삶을 갖게 되고, 자신의 계획에 집중하며 한정된 에너지를 자신의 배움에 쏟을 수 있을 것이다. 한동안은 몹시 외로울지도 모른다. 밤마다 눈물을 흘리고, 옛일이 차례로 당신을 공격할지도 모른다. 약한 상태로는 자신이 옳은 결정을 내렸는지 판단하기 어렵다. 이 사람 저 사람 달려와 어떻게 된 거냐고 묻고, 당신은 울면서 일일이 설명하느라 기운이 쏙 빠지고 말겠지. 짐작건대 당신은 아직도 이리저리 헤매고 있을 것이다. 진짜로 떠돌고 있을 것이다. 친구 집 소파에서 지내며 내일 잘 곳을 찾고 있을 것이다.

자신을 지키고, 사랑에 대한 신념을 지키자. 천천히 자신을 재건하며 뼈에 사무치는 그 외로움 속으로 온전히 빠져들자. 나는 안다, 당신은 지금 두려운 게 아니라 단지 슬플 뿐이다.

괜찮다. 레옹 블루아◆도 이렇게 쓰지 않았나. "사람의 마음에는 원래 존재하지 않았던 곳이 있다. 그곳은 고통에 들어간 뒤에야 비로소 나타난다." 당신은 이전보다 더 완전해졌다.

당신을 만난다면 나는 당신을 꼭 안아주며 이렇게 말하고 싶다. 당신은 최고라고, 지난 세월 동안 사랑을 위한 당신의 노력은 조금도 헛되지 않았다고. 그것은 당신을 복잡하고 풍부하게 또 연약하게 만들었지만, 당신은 그 어느 때보다 더 용감해졌다고.

◆ 부르주아 세계 및 공식 문단과 철저히 단절된 삶을 택했던 프랑스의 소설가. 『가난한 여자』 등을 썼다.

'상실'에 관하여

 연인이 바람피운다는 걸 알았을 때 나 역시 헤어나올 수 없는 온갖 의심에 빠져들었다. 현실은 이미 갈가리 찢긴 것 같았다. '진실'이란 존재하지 않았다. 내 마음속에서 상대방의 인격은 완전히 망가졌다.

 우리를 공포에 빠뜨리는 것은 사랑하는 사람이 하루하루 변형되고 점점 더 낯설어지는 모습뿐만이 아니다. 가장 무시무시한 것은 역시 나 자신의 변형을 목격할 때다. 긴장되고 초조한 상태로 내뱉는 감정적 표현은 분명 나에게 불리하다. 하지만 현실이 너무 아픈데 어쩌겠나. 새로운 증거가 끊임없이 나타나 분노를 일으킨다. '왜 우리의 아름다운 삶을 파괴하려고 해?' 이런 생각을 한두 번 한 게 아니다.

'잠시 이별'을 선언했던 기억이 난다. 더 이상 거짓말을 듣기 싫어서, 내가 통제 불능 상태에 빠지는 모습을 보기 싫어서였다. 나는 모든 권리와 의무 관계를 끝내자고, 이제부터 만나지도 말고 연락하지도 말자고 했다.

다행히 내게는 머물 수 있는 작은 집이 있었다. 사랑을 거듭하면서도 나 자신을 완전히 잃어버리진 않았다. 셋집이든 내 집이든 상관없이 그 작은 집은 내 목숨을 구해준 장소가 됐다. 밥 먹으러 나갈 때 말고는 집에 틀어박혀 죽어라 책만 읽었다. 책 속에 내가 급히 찾아내려는 답이 있다는 듯이, 알지도 못하는 저자들이 내 모든 질문에 대답할 수 있다는 듯이. 그리고 키보드를 두드려 일기를 쓰며 머릿속 혼란을 정리하는 데 많은 시간을 썼다. 뒤죽박죽인 생각을 한 문장 한 문장 써내려가는 수밖에 없었다. 원망스럽기도 하고 허탈하기도 했지만, 그보다 스스로를 돌이켜보는 시간이 더 많았다. 나는 연애에 의존하며 점점 더 무감각해진 나를, 연인에게 기대려 할 뿐 달라지려 하지 않는 나를 철저히 들여다보았다.

오랜 시간이 지난 지금 그 시절을 돌아보면, 작은 집 안에만 있었는데도 1만 킬로미터가 넘는 먼길을 힘겹게 걸어온 기분이다. 내 안의 깊은 계곡을 지나 나 자신의 밀림으로 되돌아오는 철저하게 고독한 여행을 한 것만 같다.

사랑은 인생의 전부가 아니다. 사랑은 우리를 비추는 거울일 뿐이다. 연인은 우리 삶의 기둥이 아니다. 연인을 잃고 나면 마음이 산산조각 날 뿐 아니라 바깥쪽도 깨지고 부서질 수 있다. 하지만 당신이 결코 잃어버리고 싶지 않은 것이 있지 않나? 크나큰 고통이 닥쳐도 포기하고 싶지 않은 것은 무엇인가? 나는 관대함과 선량함을 잃고 싶지 않다. 속물이 되기 싫고, 나약해지기 싫고, 사랑의 상처 때문에 일일드라마처럼 흑백으로 갈리는 시비와 선악으로 기울기 싫다. 실연의 과정에서 우리는 자신의 연약함과 광포함을, 심지어 비열함과 추악함까지도 목격한다. 그러나 그것들은 모두 찢어지는 마음의 반응이자 옛 상처의 반격이니 잘 달래야 한다. 누구든 우리 마음을 다치게 할 수는 있어도 우리의 신념까지 빼앗을 수는 없기 때문이다. 현실에는 한 가지, 두 가지, 무수한 가능성이 있다. 그 가능성을 통해 자신이 더 넓어지기를, 더 진실해지기를, 더 굳세지기를 기대해야지, 자포자기한 채 이전 길로 돌아와서는 안 된다.

사랑이란 이런 거라고 생각한다. 함께할 때는 충만함을 안겨주고, 잃고 나면 강해지는 경험을 남겨주는 것.
그래야만 한때 진심으로 사랑했던 일이 헛되지 않다.

'너 없이 못 살아'에 관하여

 당신은 달라지고 싶다. 그를 도저히 잃을 수 없기에 그 사랑을 되찾을 수만 있다면 뭐든 할 생각이다. 그런데 도대체 뭘 어떻게 해야 할까?

 나도 그런 순간을 겪어봤다. 상실의 무게에 짓눌린 채 밤낮으로 두려움에 갇혀 지냈다. 어떤 대가라도 치를 테니 서로 사랑하던 시간으로 돌아가게 해달라고, 내가 믿지도 않는 하느님과 부처님과 정체도 모르는 모든 신비로운 힘을 향해 무릎 꿇고 기도하기도 했다.
 그때 나는 서른이 안 된 나이였다. 사랑을 잃고 '그 사람'을 잃으면 내 삶이 송두리째 바뀌는 줄 알았다. 삶의 의미도 못 찾을 줄 알았고 다음 날 새벽을 맞이할 용기조차 없었다. 너무나 불행한 연애였다. 나는 물러나고 또 물러났다. 나를 고치고 또 고쳤다. 그를 놓아주고 또 놓아주고, 기다리고 또 기다렸다. 오로지 '그에게 어울리는' 사람이 되려고 애쓰며 그것이 '사랑 속으로' 돌아가는 긴긴 시간이길 바랐다. 그런 행위를 마약처럼 도무지 끊을 수가 없었다. '지극한 사랑'이 어떻게 '일방적인 기다림'으로 변한 건지 알 길이 없었다. 귀신에게 홀린 것처럼 아주 멀리 갔다가도 필연처럼 되돌아왔다. 뭔가 내가 이해할 수 없는 힘이 나를 제자리로 돌려놓았다. 나는 그를 떠나지 못하고 그는 나를 놓지 못했다. 사랑은 차츰 은혜와 온정처럼, 일종의 의리처럼 변해갔다.

한참이 지났다. 나는 처음에 되려던 '그에게 어울리는' 사람과는 전혀 다른 사람이 되어 있었다. 누구에게도 필요한 모습이 아니었고, 그저 나 자신으로 성장했을 뿐이다. 나는 평온하게 지내고 있었다. 사랑 속에서 살아가던 그때보다 더 강하고 더 온전하고 더 풍요로워져 있었다.

짜오찬런을 가졌기 때문이 아니다. 내가 진정 성숙

하고 독립적이며 사랑할 능력이 있는 사람으로 성장했기 때문이다. 어느덧 나는 상실과 고독을 두려워하지 않게 됐다. 버림받을까봐 불안해하지 않게 됐다. 전지전능한 사랑을 바라지 않게 됐다. 더 이상 누군가에게 깊이 사랑받으면 내 상처가 치유되고 구원을 얻을 수 있다고 여기는 '사랑에 목마른 자'가 아니었다.

세월이 흐른 뒤, 그때의 내가 그에게 얼마나 무거운 짐이었는지 이해하게 됐다. 그때의 내가 사랑이라고 철석같이 믿었던 것은 오히려 물에 빠진 사람이 부목을 잡고 버티며 '구원자를 지명하는' 협박이나 다름없었다. 더 많은 세월이 흐르자 그가 자신의 '능력 부족'을 빨리 알아채고 허둥지둥 달아난 것이 고맙게 느껴질 정도였다. 한편으로는 나 자신에게도 고마웠다. 나는 결국 가슴 아픈 결단을 내려 독주로 갈증을 해소하는 관계를 끝냈다. 내 연약한 습성을 부추기지 않고 나 자신에게 인생의 난제를 직면할 기회를 주었다.

당신에게 이 말을 해주고 싶다. 세상에서 가장 무서운 관계는 '네가 아니면 안 되는' 사랑이다. '너 없이는 못 살아'라는 마음 앞에서 우리는 달아나고 싶어지고 숨어버리고 싶어진다. 타인의 인생 무게를 오롯이 짊어지거나 타인의 구원자가 될 의무와 책임은 누구에게도 없다. 누구도 사랑을 이유로 타인의 삶과 운명을 좌지우지하는 존재로 변해선 안 된다. "널 잃을 순 없어"라고 말할 때, 마음속에 정말로 그런 생각이 생겨났을 때, 사실상 당신은 그 관계를 밀어내는 셈이다.

"널 잃을 순 없어"라는 말은 가장 아름답고 숭고한 사랑의 찬가처럼 들린다. 하지만 진정한 사랑의 관계에서 이 말은 가장 무시무시한 위협이다.

사랑은 강자의 덕목이지 약자의 기댈 언덕이 아니다. 진정한 사랑은 요구가 아니라 줄 수 있는 능력이기 때문이다. 우리가 진심을 다해 누군가를 사랑하는 이유는 서로를 잃는 고통이 두려워서가 아니라, 사랑으로 상대에게 행복과 자유와 힘을 주고 싶기 때문이다. 사랑의 깊이를 가늠하는 잣대는 그를 잃은 고통이나 그녀 없는 삶의 두려움의 크기가 아니라, 상대방의 행복을 위해 상실의 고독을 감내하려는 마음의 크기다.

당신에게 이 말을 해주고 싶다. 생이별이든 사별이든 우리가 사랑을 잃는 상황은 수없이 많다. 이처럼 상실은 피할 수 없는 운명일지라도 우리는 여전히 용감하게 헌신하는 법을 배워야 한다. 사랑을 잃을지 모른다는 두려움 앞에서도 내 마음속 어둠을, 결핍을, 당혹감을 보는 법을 배워야 한다. 사랑을 배우려 하기에 우리는 사랑과 보살핌을 받고 기댈 수 있는 편안함에서 벗어나 더욱 독립적인 사람이 되려는 용기를 낸다.

두려운 마음은 어쩔 수 없겠지. 그래도 두려워 말자. 당신은 지금껏 몰랐겠지만, 사랑을 잃는다 해도, 아무리 아름다운 사랑을 잃는다 해도 그건 결코 우리를 죽게 만들 수 없기 때문이다. 진정한 사랑은 사라지지 않으며, 심지어 현실의 시공간에 존재할 필요도 없기 때문이다. 변하는 것은 관계일 뿐이다. 누군가 당신을 떠난다 해도, 어떤 이유로 떠난다 해도 그건 우리가 삶의 의지를 잃는 이유도 원인도 결과도 될 수 없다. 진정으로 사랑한 게 아니었다면 우리는 연인을 마약으로, 기댈 언덕으로, 스스로 고민하거나 인생을 책임지지 않아도 된다는 핑계로 삼았을 뿐이다.

우리가 악감정을 품고 이해득실을 따지고 혼란에 빠지고 막막하고 자제력을 잃는 이유는, 대개 '잃을 수 없다'고 미리부터 설정해놓았기 때문이다. 사랑하는 줄 알지만 실제로는 사랑을 죽음으로 향하는 통로로 바꾸어 관계의 숨통을 서서히 조이고 있기 때문이다.

그렇다면 어떻게 해야 할까? 나는 되돌리는 법도, 상실을 피하는 법도 가르쳐줄 수 없다. 나도 이 정도밖에 모른다. 진정한 사랑은 '상실을 두려워하지 않는다'는 전제 아래 자연스레 솟아나곤 한다는 것, 그리고 그 사랑을 충분히 성장시키는 것은 자유와 내 능력이지, 파괴와 두려움이 아니라는 것.

우리에게 일어날 수 있는 상실을 차분히 마주하자. 너를 절대로 잃을 수 없다는 말을 상대에게 하지 말고, 너 없이는 안 된다고 혼자 되뇌지도 말자. 그 대신 이렇게 말해보자. 고마워, 나한테 네 시간을 내줘서. 너를 잃는 것은 너무나 고통스럽겠지만 기꺼이 감내할게. 너를 사랑하려는 내 마음은 어떤 필요 때문이 아니니까. 내가 외롭거나 나약해서도 아니니까. 그건 순전히 너와 함께 하나의 삶을 만들어가고 싶은 소망 때문이야. 너를 진심으로 축복하고 네가 행복하길 바라기 때문이야.

당신도 알까? 사랑은 간절히 추구할수록, 상실을 두려워할수록 더 쉽게 잃고 더 멀리 달아나버린다는 걸. 사랑은 통제가 불가능하기 때문이다. 순전히 내면에서 진실하게 솟아나는 것이기 때문이다. 하지만 한편으로는 가장 자연스럽고 가장 붙잡으려 애쓸 필요가 없는 것이 사랑이다. 당신이 성숙하고 독립적인 사람이 될수록, 자기 삶과 조화롭게 지내는 법을 알게 될수록 사랑하는 능력과 사랑의 가능성도 더 커질 테니까.

당신은 그를 잃을지도 모른다는 불안에 사로잡혀 많은 시간을 정신없이 보냈다. 그렇다면 지금부터는 자기 자신과 잘 지낼 방법을 생각할 시간을 갖자. 자기 삶에 드리워진 갖가지 상처와 어둠과 두려움을 마주하고, 일단 자신에게로 돌아가보자.

마음을 가라앉히고 조금씩 조금씩 자신을 알아가

자. 그건 다른 사람의 눈을 통해서가 아니라 '버림받을까봐 두려운 마음'에서, 늘 당신을 옭아매고 있는 그 공포에서 시작해야 하는 일이다. 나도 아는데, 아직 갈 길이 멀고 모든 게 쉽지 않을 거다. 그래도 그것이 삶을 진정으로 이해하는 길이니 포기하지 말기를. 나를 구할 수 있는 이는 오직 나 자신뿐이다. 스스로 일어선 뒤에야 타인을 사랑하는 길이 열린다. 그것은 평생의 일이다.

'우정'에 관하여

 당신에게는 감정적 혼란에 빠져 반복적으로 자해하고 다른 사람까지 다치게 하는 친구가 있다. 그녀가 파멸의 길을 걸을까봐 너무 걱정되는데, 친구로서 어떻게 도와야 할까?

 나는 막 스무 살이 됐을 때 생애 첫 연애를 했다. 불륜이었다. 처음 연애의 맛을 보면서 그야말로 온몸이 부서져라 격하게 사랑했다. 가족과 친구들 모두 '멀쩡하던 애가 왜 저렇게 됐냐'는 눈빛을 보냈다. 그 속에는 책망하는 기색, 막아보려는 마음, 인연을 끊자는 뜻이 모두 담겨 있었다. 축복받지 못하는 사랑임을 알게 된 나는 아예 어둠 속으로 숨어들었다. 그때 나는 커밍아웃할 수 없는 사랑을 했다. 스스로도 도덕적이지 않다고 생각했지만 또 사랑에는 죄가 없다고 여겼다. 사랑을 지속하기 위해 가족과 친구들과도 결별하고 말았다. 비참하기 그지없는 삶이었다.

대학을 졸업한 뒤로는 줄곧 몸 쓰는 일을 했다. 집에 돌아오면 '어찌할 바 모르는 마음'이 담긴 소설을 묵묵히 써내려갔다. 사랑은 끊어졌다 이어지길 되풀이했다. 내 삶의 어느 한 부분도 인정받지 못했다. 가난하고 외로웠다. 나는 이미 친구들과 등진 길을 걷고 있었다. 친구들이 관심을 갖고 신경 써줘도 나를 막으려는 말로만 들렸다. 결국 나는 자발적으로 그들과 멀어졌다.

그렇게 서른이 되어갔다. 내 감정은 남들이 자연스레 이해하기 힘든 것이었고 나 자신조차 이해하지 못했다. 나는 왜 평탄한 길을 가지 못할까, 평탄해 보이던 길도 왜 내가 걸어가면 잘못된 길이 될까. 어느덧 이해받지 않는 것, 이해받으려 하지 않는 것이 스스로를 보호하는 방식이 되어 있었다. 외로워서일까, 뭔가를 좇고 있기 때문일까, 아니면 그저 사랑받고 싶은 갈망은 너무 큰데 정작 올바르게 사랑하는 법을 모르기 때문일까. 나는 여전히 혼란스럽고 남들에게 털어놓기도 힘든 다양한 사랑 연인관계 속에서 허우적거리며, 자포자기한 채 하루하루를 살아갔다.

그때 나는 이미 책을 낸 작가였지만, 글 쓰는 일도 나에게 현실적인 긍정의 힘이나 버팀목이 되어주진 못했다. 글쓰기 세계 안에서도 나는 괴짜였고, 일상 속 친구들과는 거의 연락이 끊겼다. 그래도 글을 쓸 수 있다는 사실이 내 마음을 어루만져주었다.

서른을 앞둔 나는 거의 치명적인 사랑의 폭풍을 마주하고 있었다. 그리고 그때 두 친구를 만났다. 한 명은 남자, 한 명은 여자였다. 우리는 고작 며칠간 어울린 뒤로 멀리 떨어져 지냈다. 나는 거의 날마다 그들에게 편지를 썼다. 그때 처음으로 내 안팎에서 일어나는 폭풍과 혼란과 곤혹을 기꺼이 털어놓고 싶어졌고, 그럴 만한 기력도 생겼다. 밤마다 잠 못 이루고 컴퓨터 앞으로 가서 몇 시간 동안 이메일을 썼던 기억이 난다. 때로는 정신이 흐릿한 채 머릿속을 가득 채운 혼란스러운 장면에 시달렸고, 때로는 밤새 정신이 돌아오지 않은 채 광기와 불안에 휩싸여 있었다. 그런 상태로 나는 고백하듯 계속해서 메일을 보냈다. 어렴풋이 기억하기로는 그때 메일 속 글자들은 거의 절규에 가까웠고, 때로는 이미 해탈한 것 같기도 했다. 내 삶은 롤러코스터처럼 날마다 모험의 연속이었다. 그리고 내 편지도 내 삶처럼 모두 혼잣말과 같았다.

  친구들은 나에게 계속 답장을 보내줬다. 바쁜 와중에도 그들은 때로는 충고를 때로는 농담을 때로는 그저 잘 살라는 격려를 해주었고, 내가 메일을 보내면 바로바로 답을 해줬다. 다른 나라에서, 좁은 원룸에서 혼란과 광란의 삶을 살아가는 나를 몹시 걱정했던 것 같다. 그들 눈에는 내가 붕괴 직전으로, 자칫하면 고층 건물에서 창문을 열고 뛰어내릴 것처럼 보였을지도 모른다.
  그러나 그들은 그런 걱정을 내비치지 않았다. 내가 어떤 일을 겪든 나를 비판하거나 평가하지 않았다. 결국은 내가 정신을 차릴 것임을 안다는 듯이, 또는 이렇게 길고 어두운 시련이 나에게 꼭 필요한 과정임을 안다는 듯이. 내가 많이 걱정스럽지만 내 행동은 마뜩잖았을지도 모른다. 아마 나 때문에 많이 불안했을 거고, 내가 했던 수많은 행동이 그들의 도덕적 한계를 넘어섰을 거다. 그들이 표현을 안 했으니 알 수는 없지만, 내가 살아서 편지를 쓸 수 있고 긴급한 상황에서 전화를 걸 수만 있다면 그들은 그런 나일지라도 계속 사랑해줄 것만 같았다. 괴롭든 슬프든 이상하든 변덕스럽든, 나조차 나 자신을 이해하지 못했으며 나를 인정할 수도 아껴줄 수도 없었다. 자기 파괴자처럼 보이는 나를 진정으로 받아들여준 사람은 연인도 아니고 가족도 아닌, 먼 곳에 있는 두 친구였다. 그들은 내가 이상하다는 걸 알았고, 그 이상한 면까지도 함께 사랑해주었다.

인생의 고난은 줄어들지 않았고, 나는 여전히 나만의 방식으로 고난을 헤쳐나갔다. 다행히 나는 언제나 글을 쓸 수 있었다. 정신이 똑바르고 이성적인 나는 소설을 쓰도록 남겨두고, 혼란에 빠진 나는 편지를 썼다.

나는 언제나 애쓰고 있다. 자기 파괴자처럼 보일지라도 줄곧 노력해왔다고 굳게 믿고 있다. 사람이란, 때로는 기나긴 우여곡절을 거치고 진심 아닌 말을 수없이 내뱉고 벽에 숱하게 부딪히고 나서야 자신만의 길을 열 수 있는 법이다.

로런스 블록의 『모두가 죽는다 Everybody Dies』에서 탐정 매슈는 범죄자 친구 믹 발루에 관해 이런 말을 한다. "나는 그를 이해할 수 있을 것 같지만 판단하지는 않는다. 하물며 그를 버리고 떠나는 일은 있을 수 없다." "하지만 그들은 모두 내 친구다. 나는 그들을 판단하지 않고, 우리 우정은 더더욱 판단하지 않는다. 판단할 수가 없다."

당신에게 이런 말을 해주고 싶다. 친구로서 가장 중요한 것은 역시 '이해하되 판단하지 않는' 것이다. 사람은 저마다 자신의 지옥을 짊어지고 있다. 아마도 그 길을 직접 걸어봐야 스스로를 구원할 수 있을 것이다. 하지만 이런 심연에 빠진 친구를 매일같이 지지해줄 수 있다면, 혹은 멀리서든 가까이에서든 함께해줄 수 있다면, 어떻게 하라고 충고하지 않으면서 경청하고 이해할 수 있다면, 긴급 상황을 제때 알아차리고 벼랑 끝에 선 그를 끌어당길 수 있다. 나는 여전히 인간의 마음에 희망을 품고 있다. 자신을 온전히 마주하고 받아들일 기회가 있다면 그 과정에서 우리는 서서히 회복하고 조금씩 굳건해질 수 있다.

물론 우정도 사랑과 마찬가지로 억지로는 생겨나지 않는다. 그래도 당신이 그에게 참된 친구가 되어주고자 한다면, 가장 좋은 격려는 "네가 무얼 택하든 난 항상 네 편이야"라는 말이다. 물론 매사에 능력껏 행동하며 냉철하게 대응한다면 당신은 그에게 제대로 된 도움을 줄 수 있다. 그리고 오랜 시간이 흐르면, 그도 나처럼 가장 어두울 때 인생의 지기를 만났다는 걸 깨달으리라. 그 친구가 자신의 생명의 은인임을 알게 되리라.

혼잣말

연인

　뒤죽박죽인 꿈속에서 연인이 알 수 없는 이유로 당신을 화나게 한다. 당신은 잔뜩 심통이 난 채 깨어난다. 한밤중인데 그도 깨어 있다. 추워서 잠이 안 온단다. 당신은 몽롱한 꿈의 끝자락에서 씩씩거리며 그를 몇 대 때린다. "왜 날 못살게 굴어?" 그는 당신이 요즘 꿈을 많이 꾸고 꿈속에서 종종 화를 낸다는 걸 안다. "그런 적 없어. 꿈꾼 거야." 두 사람은 솜이불을 잘 덮고 다시 잠이 든다.

　아침에 깨어나 밤에 했던 행동을 생각하니 어쩐지 민망하다. 어느 날 아침에도 여느 때처럼 꿈속에서 화를 내다가 깨어났다. 쿵쾅쿵쾅, 심장 소리가 천둥처럼 요란하다. 당신은 그의 손을 잡아끈다. "나 아파. 화가 나서 가슴이 터질 것 같아." 그는 웃기만 한다.

　마침내 정신이 또렷해진 당신은 그에게 다가가 키스하고 싶다. 그런데 목이 뻣뻣하다. 그가 몸을 돌려 당신에게 입을 맞춘다.
　아침 햇살 속 바람이 서늘하다 못해 차갑다. 예전에 그랬던 것처럼 그는 당신과 아주 가까이 있다. 그때 두 사람은 어릴 적 친구였고, 나중에는 서로를 이해하는 지기가 되었다. 이제 꿈결 같지는 않지만 더 깊은 사이가 되어 있다. 힘겨운 싸움을 한바탕 치르고 혹독한 겨울을 견뎌낸 끝에 서리와 눈보라를 뚫고 먼 길을 걸어 돌아온 것처럼 온몸에 낙엽이 덕지덕지 붙어 있다. 그래도 어느덧 구름은 옅어지고 바람은 부드러워졌다.
　그때 당신은 무언가를 이미 잃어버렸다고, '되돌릴 수 없다'고 생각했다. 우리를 돌아보면, 저마다 자신을 잘 돌보고 그 어지러운 구름과 안개를 헤쳐나가며 망상에서 벗어날 때 서로 간에 피어나는 자연스러운 감정이 또렷이 느껴졌고, 그 감정이 아무런 방해 없이 서로에게 돌아왔다. 어쩌면 그 감정은 늘 존재했을 것이다. 초조하고 불안한 마음 때문에 느끼지 못했을 뿐이다.

이렇게도 말할 수 있다. 어려움이 닥쳐도 둘이서 함께 굳세고 꿋꿋하게 헤쳐나왔다면, 금을 골라내듯 시간에 의해 걸러진 무언가가 생겨나 있을 거라고.

어쩌면 당신 혼자 그 전쟁을 겪어냈고, 연인은 줄곧 제자리를 지키고 있었는지도 모른다. 어쩌면 두 사람 다 변화를 겪었는지도, 어쩌면 모든 게 꿈인지도 모른다. 어찌 됐든 그런 일을 겪었다는 건 좋은 일이다. 그 경험이 두 사람을 성장시켰을 테니까. 함께 그 시간을 견뎌낸 것도 좋은 일이다. 그 과정을 통해 두 사람의 사랑은 더욱더 진실해졌을 테니까.

친밀함

어둑한 방, 에어컨 바람이 시원해졌다. 당신은 그녀의 다리를 건드려본다. 너무나 익숙한 몸이다. 일부러 낯설게 만들어 성적 긴장감을 자아낼 수가 없는 상황이다. 당신은 사실 그런 익숙한 느낌을 무척 좋아한다. 소파에 가로놓인 다리를, TV를 보면서 노부부처럼 주무르고 문질러준다. 함께 환호하고 파이팅을 외치고 낙담하기도 하면서…….

그녀가 가까이, 아주 가까이 있다. 그냥 그게 전부다. 고요한 시간이 오자, 진정한 고요가 찾아들자, 당신 마음속의 사랑이 당신에게 또렷이 보인다. 당신은 분명히 느낀다. 눈앞에 있는 그 사람이 아무리 익숙하더라도, 당신은 여전히 그녀를 탐색하고 싶다. 당신은 믿는다. 세월이 흘러도 그 핵심은 변함없이 당신의 마음을 흔들 거라고, 한결같이 반짝일 거라고.

깊은 밤, 아직 시간은 많고…… 아무런 재촉도 없다. 그녀와 당신 두 사람만 있을 뿐이다.

고독

 사랑 속에서도 이런 외로운 순간이 있다. 예전과 비슷한 장면을 쓸쓸하게 지나쳐가지만, 그게 언젯적 일인지, 무슨 일이 일어났는지는 기억나지 않는다. 당신은 철저하게 외롭다. 이리저리 헤매는 기분, 가슴이 찢어지는 느낌이다. 시간을 관통할 수 있다는 듯 당신은 그저 걷고 또 걷는다. 그렇게 인생의 어느 순간을, 청춘 또는 어린 시절을 지나간다. 어쩌면 노년을 미리 지나는지도 모른다. 당신은 자신의 고독을 인식한다. 삶의 무게를 인식한다. 앞으로 닥칠 인생과 이미 겪은 일들, 그리고 비슷비슷한 반복과 하루하루 쌓여가는 고난을 인식한다. 그래서 두렵다. 불안하다. 깨어나지 못하는 꿈속에 있는 것만 같다. 어른이 됐다는 걸 아는데도 꿈속의 자신은 어릴 적 상처와 고통을 그대로 짊어지고 있다. 이제 강해졌다는 걸 아는데도 꿈속의 자신은 끊임없이 반복되는 슬픔을 맛본다.

  사랑 속에서도, 온 세상이 평온하고 아름답다 해도, 당신을 꼭 붙잡아주는 두 손이 있다 해도 당신은 잘 알고 있다. 인생의 무게는 스스로 짊어져야 한다는 걸. 자신의 문제는 스스로 풀어야 한다는 걸.

  공원에는 늘 커다란 개들이 삼삼오오 모여 있다. 무리 지어 있어도 가을밤에는 어둑한 낯빛 때문에 늑대처럼 보인다.

  당신은 과거 어느 세월 속에서 어두운 밤에 지나갔던 위험한 곳들을 떠올린다. 어린 시절의 당신은 자신이 황야의 늑대라고 상상하기도 했다.

  당신은 기억을 뒤집으려는 듯 공원을 빙빙 돌지만, 나중에는 모든 걸 받아들인다. 그저 조용히 걷고, 바람을 듣는다. 아득히 먼 곳에서 불어오는 바람에 눈을 감는다. 그것은 당신 혼자만의 바람 같다. 당신이 고독하게 광야를 지날 때면 이렇게 당신만의 한 줄기 바람이 당신을 스쳐간다. 당신은 옷깃을 여미고 감싸며 혼잣말을 한다. 이런 고독과 함께라면 악몽에서 깨어날 수 있을 거라고.

때로는

    때로는 홀로 지내듯 자유롭고 독립적으로, 때로는 두 사람이 함께하는 친밀함을 즐기며 살아가야 한다. 때로는 상대방에게 마음을 듬뿍 쓰며 세심하게 돌봐야 하지만, 때로는 오로지 그만 바라보지 말고 좀 느슨해져야 한다. 그가 자유를 느끼게 놔두고 나 자신도 너무 많은 감정에 휘둘리지 말아야 한다.

    때로는 떠오르는 대로 솔직히 말하는 게 좋다. 그런데 때로는 입 밖에 내지 않는 것이 가장 좋은 말도 있다. 거듭거듭 생각하고 반나절 이상은 묵혀두어야 오해를 부르지 않는다. 때로는 즐겁고 신나는 시간이, 때로는 고요하고 차분한 시간이 필요하다.

때로는 나약해진 서로를 부축해줘야 한다. 하지만 어떤 나약함은 각자 견뎌내야 한다.

'때로는'에서 꼭 필요한 것은 분별하는 기술이다.

사랑에 이렇게 많은 규칙과 제한을 두면 답답해서 어떻게 하냐고? 하지만 사랑은 즐기기 위한 것이 아니다. 우리가 사랑하면서 더 많이 해야 하는 것은 단련이다. 큰일도 가볍게 받아들이는 기술, 관계를 위해 잘 잊는 기술을 단련해야 한다. 타인을 존중하는 방법을 배워야 한다. 그의 뜻이 종종 당신과 어긋나더라도 그에게 자유를 주라, 그러다 당신이 외로워진다 해도.

사랑은 인간의 고독한 처지를 해결해주려고 찾아온 게 아니다. 사랑 속에서 조금은 온기를 얻을 수 있지만, 자기 인생은 스스로 책임져야 한다.

이토록 어렵고 이토록 많은 난관이 있는데도 우리는 여전히 상대를 이해하려 애쓰고, 사랑하는 마음을 전하려 애쓴다. 사랑을 배울 수 있고 사랑할 능력이 있는 사람이 되고자 노력한다. 어째서 우리는 사랑이 요구하는 힘겨운 단련을 받아들일까? 내 생각은 이렇다. 사랑은 고독한 한 사람의 세계에서 복잡하고 변화무쌍하며 풍요롭지만 내 뜻대로 되지 않는 두 사람의 세계로 나아가게 해주니까. 습관이 된 모습에서 걸어나와 스스로가 더 좋아하는 모습으로 성장할 기회를 주니까.

버티기

인생에는 숱한 장애물이 있고 사랑에는 온갖 시련이 있다. 한때는 그 앞에서 너무나 무력하고 막막해지기도 했다. 하지만 어떤 상황에서도 우리는 변함없이 함께 집으로 돌아와 녠예판年夜飯◆을 먹는다. 일종의 버티기라고 해야 할까? 아니, 버티기란 말이 아주 정확하다.

우리는 서로에게 가장 알맞은 동반자가 아니다. 이 세상에 알맞은 동반자라는 게 존재하기는 할까 모르겠다. 하지만 수많은 일을 함께 겪으면서 우리에게서도 서서히 집이라는 존재가 자라났다.

◆ 섣달그믐날 저녁에 온 식구가 모여서 함께 먹는 전통 음식.

영국인 번역가 친구가 비행기에서 해준 말이 문득 떠오른다. 그는 연애를 거쳐 결혼하자마자 아내와 9년을 떨어져 지냈다. 가장 멀리 떨어져 있을 때 한 사람은 영국에, 한 사람은 아프리카에 있었다. 힘들지 않았느냐고 물으니 그는 너무 힘들었다고 말했다. 어떻게 견뎌냈냐고 묻자 그는 한마디로 대답했다.

"버텼지."

냉전

 어떤 연인에게는, 멋대로 짐작하지 말고 그가 감정 공백기를 갖도록 내버려두는 것이 가장 큰 배려다. 냉전, 무관심, 무시, 또는 사람을 불안하게 만드는 일처럼 보일 수도 있지만, 그가 입을 열고 싶어하지 않는다면 그에게 시간을 주자. 우리에게도 똑같은 상황이 벌어질 수 있다. 그럴 때는 감정을 흘려보내고 가라앉혀야 한다. 조바심이나 괜한 억측은 분위기를 더 긴장시키고 아무 일 아닌 걸 큰일로 만들 뿐이다. 걱정은 내려놓자. 당신이 사랑하는 그는 이성적인 사람 아닌가. 이성적인 대화는 서두를 필요가 없다. 다들 괜찮아지고 나서, 그때 얘기하면 된다.

그가 자유로이 침묵하게 놔두는 것도 사랑이다. 이런 사랑을 주려면 나 자신이 성숙하고 자신감 있는 사람이어야 한다.

그렇다고 침묵의 시간을 너무 길게 갖지는 말자. 시간이 많이 흐르면 너무 멀어질 수 있다. 차분해지는 것은 소통을 하기 위한 준비다. 소통할 때 감정이 앞서면 양쪽 다 그만두자고 소리치게 된다. 그러니 일단 감정을 가라앉히고, 냉정을 되찾은 상태에서 서로 합의하여 규칙을 정하면 어떨까. 가령 한쪽이 큰소리를 치거나 격한 말을 뱉기 시작하면, 다른 쪽은 "일단 진정하는 게 어때"라고 일깨울 책임을 지는 거다. 그러면 더 흥분하는 사람도 물론 있지만, 그렇다면 그는 스스로 다음과 같은 점을 떠올려야 한다. 연인이 내 감정을 책임질 '의무'는 없다. 잠시 냉정을 되찾는 것은 서로가 후회할 말이나 행동을 피하기 위해서다.

"우리가 싸우려고 결혼했나?" 선생님은 사모님과 다툴 때면 이런 말로 스스로를 일깨운다고 한다. 정말 유용한 말이라고 생각한다.

"우리가 서로 탓하려고 사랑하나?" 냉전 중이거나 장기전을 벌이는 연인들에게 이 말을 전한다.

성장

 관계에서는 의존하지 않는 법을 배우는 것이 매우 중요하다. 달리 말하면, 사랑은 독립을 배울 가장 좋은 기회다.

 하지만 이게 얼마나 어려운 일인가. 확실하게 의지할 만한 누군가가 있다면, 그 사람이 당신의 든든한 버팀목이 되어주고 당신을 위해 뭐든 다 해주고 당신을 공주처럼 아껴준다면, 그 사람을 위해 헌신하고 싶어지고 사랑을 인생의 목표로 삼고 싶어진다면? 그런 사람에게 왜 의지하면 안 되는가? 심지어 많은 사람이 '의지할 만한 상대인가'를 사랑의 기준으로 삼는다.

 하지만 그건 좋은 생각이 아니다. 사랑의 수많은 문제는 자신감 부족에서 비롯되며, 관계의 숱한 어려움은 독립적이지 않은 데에서 생겨나기 때문이다. 그렇기에 우리는 오히려 관계가 아주 좋을 때 의존하지 않는 법을 배워야 한다. 사랑하는 사람이 보살펴주고 아껴줄 때 우리는 느슨해지고 게을러지기 쉬우며, 그런 태만함은 자신뿐 아니라 관계에도 해를 끼친다. 의존은 우리를 익숙한 틀에 안주하게 하여 똑같은 잘못과 똑같은 상처를 만든다. 사랑받는 데 의존하든 사랑하는 데 의존하든 마찬가지다. 성숙하고 건강한 관계는 의존이라는 굳은 습관을 고치고 내 삶의 난제에 맞설 힘을 준다.

사랑받든 사랑하든, 그 사랑에 기대지 않고 성숙하게 헌신하는 법을 배워야 한다. 그리고 그 헌신 속에서 성장하는 자신을 볼 수 있어야 한다.

내가 상대를 사랑하는지 그렇지 않은지는 어떻게 판단할까? 내 경우엔, 매일매일 지치지 않고 이해하려 애쓴다. 그러면서 날마다 관계 속에서 새로운 점을 찾아내고 상대방에게서 놀라운 면을 발견한다. 때로는 큰 충격을 받기도 한다. 나 자신의 나약함과 부족함을 깨닫게 되고, 아픈 기억을 되새기며 더더욱 노력하게 된다. 그건 이성을 잃고 빠져드는 광적인 사랑도 아니고, 사랑받는다는 허영심이나 만족감도 아니다. 겪어보니 그런 사랑은 나를 눈멀게 하고 내게 상처를 남겼다.

많고 많은 경험을 하고 나서야 나는 새벽녘과 저물녘을 좋아하게 됐다. 공원에 있는 수수한 사람들을, 건너편 마당에 떨어진 열매를, 착실하게 일한 뒤의 휴식을 좋아하게 됐다. 단단하고 웅숭깊은 사랑을 좋아하게 됐다. 더 나아가 그런 사랑을 맞이할 능력이 있는 내가 되기를 기대하게 됐다.

사랑은 행복을 약속하지 않는다. 사랑받는다고 뭔가가 보장되는 것도 아니다. 사랑은 우리에게로 고스란히 되돌아와 우리 눈을 맑고 밝게 만든다. 스스로에게 물어보자. 그 사람 곁에서 자신을 똑똑히 들여다볼 용기가 있나? 그 사람 곁에서 굴복, 순응, 자기기만을 벗어던지는 동시에 변화를 두려워하지 않게 되는가? 사랑하면서 더 강해지는가, 아니면 더 약해지고 열등감을 느끼는가? 사랑은 외로움의 고통을 멎게 하는 마취제가 아니다. 사랑은 필요해서 하는 것이 아니다. 사랑은 자신이 강해진 다음에야 자연스레 샘솟는 한 줄기 힘이다.

헌신

당신은 헌신하지 않으면 상처받지도 않으리라 생각한다. 언제든 떠날 수 있다면 자신이 강하다는 뜻이라고 여긴다. 그래서 헤어지고 싶지 않은 사람을 만나면, 그녀의 감정 기복에 저도 모르게 따라가다보면, 공황 상태에 빠져 이런 비통한 생각까지 하게 된다. 아, 이건 내 업보야! 예전에 진 빚을 이렇게 되돌려 받는구나.

심한 상처를 입고도 당신은 일말의 후회가 없다. 기나긴 고통은 사랑했다는 증거 같다. 사랑을 배우기 시작한 당신은, 사랑할 수 없는 고독한 상태로 살아가느니 차라리 사랑의 고통을 겪는 편이 낫다고 생각한다.

어쩌면 그게 시작일지도 모른다. 당신은 사랑하는 법을 배우고 싶어진다. 한 번의 좌절에 물러서고 싶지 않다. '사랑하지 않으면 상처도 없어'라는 생각에 더는 숨고 싶지 않다. 사랑도, 사랑의 책임도 기꺼이 감당하고 싶다.

당신은 좀처럼 안전감을 얻지 못한다. 그의 마음속에 아직 전 여친이 남아 있는 거 아냐? 그가 진정으로 사랑하는 사람이 전 여친일까봐 불안한 당신은 만일에 대비해 여기저기 친구를 사귀어놓는다. 그러자 그는 발이 넓은 당신이 결국은 자신을 떠나버릴까봐 걱정스럽다. 연애를 하면서도 두 사람은 늘 전전긍긍이다. 악몽과 두려움과 질투와 의심에 많은 시간을 쓰고, 정탐과 감시와 추적에는 더 많은 시간을 쓴다. 당신은 이내 자신을 혐오하게 된다.

두려움과 의심 때문에 관계가 거의 깨져갈 무렵 정신이 번쩍 든다. '지금은 과거가 아니야.' '지금은 미래도 아니고.' 현재는 두 사람이 가진 가장 소중한 것이다. 현재를 장악해야 든든하고 변함없는 사랑을 쌓아갈 수 있다. 당신은 그의 페이스북 메시지 감시를 포기한다. 그도 더 이상 당신의 행방을 조사하지 않는다. 어느덧 사귄 지 2년째, 헤어지기 직전에 크게 다투다가 그가 울면서 말한다. "미안해, 내내 불안해서 그랬어." 당신도 울면서 말한다. "네가 가장 사랑하는 사람이 전 여친인 줄 알았어."

두 사람은 당황한다. "우리 처음부터 다시 시작할 수 있을까? 이미 저지른 잘못은 어떻게 바로잡아야 하지?"

해묵은 오해가 모두 풀린다. 진심과 정성이 서로에게 자유를 주고, 자유는 서로를 곁에 데려온다. 한바탕 악몽에서 깨어난 것처럼, 이제야 비로소 연애가 시작된다.

마무리

　사랑할 때, 한쪽이 이별을 확정하면 관계는 끝난다. 이는 사랑의 신비로운 면이자 관계의 소중한 부분이다. 사랑은 계약도 아니고 책임도 아니다. 완전히 자연스럽게 생겨나고 자유에 바탕하며 '두 사람의 연결에서' 비롯된다. 관계를 이어가고 싶은 사람은 물론 괴롭다. 버림받은 기분이고, 기댈 곳이 사라진 것 같고, 분노마저 치민다. 그러나 관계는 끝났다 해도 사랑은 어떤 형태로든 남을 수 있다. 당신은 계속 사랑할 수 있다. 다만 권리와 의무 관계는 끝났고, 당신의 사랑은 개인적인 일이 됐다. 당신에게 사랑하는 마음이 남았다고 억지를 부려선 안 된다. 고통을 무기 삼아 위협하는 건 더 안 될 일이다.

남겨진 쪽은 대체 어떻게 해야 하나? 놓을 수가 없는데 어쩌란 말인가? 마음속에 가득한 원망과 불만과 고통과 억울함과 아쉬움은 어디로 보내란 말인가? 내가 보기에 사랑은 모험이다. 사랑을 바친다는 건 사랑을 잃는 고통도 감당해야 한다는 뜻이다. 이건 누구도 피할 수 없는 사랑의 한 부분이다. 끝자락에 이르렀다 해도, 상대가 아무리 억지스럽고 무정하다 해도, 그건 그 사람의 애정관이지 우리 것이 아니다. 우리는 그저 사랑의 초심을 되찾고, 상실감과 실망감에 무너지지 않으려 애쓸 뿐이다. 사랑을 믿는다면, 상대의 행복을 빌어주며 손을 놓아 서로에게 자유를 주자. 사랑에 대한 믿음을 잃었다면, 자신에게 휴식을 주면서 초심을 회복하려 애써보자. 여전히 상처가 깊고 아파서 대화할 수 없는 상태라면, 거리를 두면서 그런 괴로운 상황에서 벗어나려는 시도를 해보자. 여전히 미련이 남아 되돌리려는 노력을 하고 있다면, 그건 혼자만의 노력일 뿐이니 상대방의 보답을 기대하진 말라고 스스로를 일깨우자.

  이별은 연애할 때보다 사랑에 대한 신념을 한층 더 가혹하게 시험한다. 마지막 관문은 역시 자기 연민,

슬픔, 허무, 증오, 나약함에 굴복하지 말라고 스스로를 격려하는 것이다.

  이별을 통해, 사랑은 소유가 아니라 자유임을 배울 수 있기를.

기다림

 페이스북 친구들이 보낸 수많은 메시지에는 헤어졌지만 다시 만날 기회를 기다리고 있다는 얘기가 많다. 아마 내가 짜오찬런과 헤어진 뒤 몇 년 만에 다시 만난 경험이 있어서 그런 것 같다.

 헤어지고 나서도 우리는 서로를 사랑했다. 하지만 그녀나 내가 재결합을 원했을까? 아니었을 거다. 그런 생각을 할 수도 없는 상황이었다. 그때 우리는 겨우겨우 자신을 지켜내고 서로에 대한 선의를 유지했을 뿐, 미래를 계획할 여유 따위는 없었다.

 어쩌면 우리는 그 사랑이 아직은 현실의 시공간에 안착할 수 없다는 사실을 잘 알고 있었는지도 모른다. 그 사실을 언급하는 것조차 고통스러운 나머지 우리는 오랫동안 남들에게 우리 얘기를 하지 않았다. 심지어 스스로에게도 말하지 않은 채 비밀을 감추듯 기억 깊숙한 곳에 꼭꼭 묻어놓았다.

하지만 나는 바로 그렇기 때문에 우리가 각자 자기 인생을 경험할 수 있었다고 생각한다. 각자 연애를 하고, 일하고, 여행을 하고, 슬럼프를 겪거나 혼란을 겪기도 하고…… 내가 뭘 하든 상대방은 모르는 상황에서 실생활의 여러 어려움을 헤쳐나가며 '대체 무슨 일이 있었던 건지' 곰곰이 생각해보게 됐다. 묻혀 있는 그 사랑은 나약함, 외로움, 의존성 같은 갖가지 감정에 의해 쓰러지지 않는다. 오히려 온전하게 보존되고, 시간에 의해 걸러지고 추려진다. 6년 뒤에 파내보니 그 안의 상처와 불순물, 감정 투사 같은 건 거의 다 벗겨져 나간 상태였다.

우리는 그렇게 각자의 삶을 살며 사랑의 굴곡을 겪었다. 또한 책임질 일은 책임지고 해결할 문제는 완벽하게 해결해야만 함께할 기회가 온다는 걸 알게 됐다.

처음에 나는 내가 그녀를 저버렸다고 생각했다. 그

녀를 찾아갈 용기도 자신감도 없었다. 그 긴 이별의 세월 동안 그냥 내 삶을 살아갔다. 처음 몇 년은 하루하루가 어둠 속이었지만, 나중에는 나 자신을 이대로 망가지게 내버려둬서는 안 된다는 걸 깨달았다. 그녀를 다시 만나든 못 만나든 상관없이 나를 일으켜 세워야 했다. 그때 나는 늘 이런 생각을 했다. 언젠가 거리에서 그녀를 다시 만날지도 몰라. 그때 우리 곁엔 다른 사람이 있을지도 모르지만, 우리 둘 다 잘 지내는 모습이면 좋겠어. 그러면 아쉬움이 남아도 마음은 놓일 거야.

그때는 그녀도 나도 다가올 재회는 생각도 못 했다. 기다림은 허락이 필요 없는 일이다. 내 생활을 팽개칠 필요도 없다. 기다림은 깊은 우물이 아니다. 어떤 투자도 아니다.

기다림은 마음속에서 들려오는 나직한 목소리나 배경음악 같은 것이다. 그냥 스스로에게 소원을 빌면 된다. 언젠가는 그녀를 다시 만나기를, 다시 만났을 때는 내가 사랑을 소중히 여길 줄 아는 사람이 되어 있기를, 더 이상 실수하지 않고 후회하지 않는 사람이 되어 있기를. 당신이 기다리는 것은 지나간 시간이 되돌아오는 것도, 잃어버린 것을 되찾는 것도, 그 어떤 것도 아니다. 당신이 기다리는 것은 마음속에 맺힌 의심을 풀고, 잃어버린 자신을 되찾고, 그저 사랑하는 마음이 더 이상 외롭고 고통스러운 무덤이 되지 않기를 바라는 시간이다. 그러니 기다림을 언제 멈추든 그건 다른 사람과는 아무 상관이 없다.

시작해도 되고 멈춰도 된다. 기다려도 되고 떠나도 된다. 모두 자발적으로 하면 된다. 소원이 이루어지든 그렇지 않든, 기다리는 사람이 기다림 속에서 힘을 얻었으면 한다. 결국 기다림은 자신을 위한 것, 일종의 수행과 같은 것이다.

기다림 끝에 반드시 행복이 오느냐고?

그건 아닐 거다. 기다리면서 우리는 평온을 되찾고 가장 단순했던 처음으로 돌아갈 따름이다. 강기슭에 앉아 바라보는 강물처럼, 과거는 모두 흘러갔다. 하지만 미래는 계속 다가온다. 같은 강물에 두 번 발을 담글 수는 없어도, 준비가 되면 강물을 건너가자. 세상이 달라져 있을 것이다.

당신이 답장을 기다리는지 어떤지, 그 사람이 당신에게 무슨 말을 했는지 안 했는지는 중요하지 않다. 시간이 이미 가만한 해답을 주었을 것이다.

 내 생각에 우리의 궁극적인 물음은 '그가 아직 나를 사랑하는가'가 아니다. '내가 아직 그를 사랑하는가, 내가 다시 사랑할 수 있는가, 내가 새로운 삶을 시작할 수 있는가, 마음속에 축복을 간직할 수 있는가'이다.

 그렇기에 두 사람이 막 헤어졌다면, 특히 상대방이 새로운 사랑을 하게 됐다면, 그때는 스스로 물러나야 한다. 그의 기댈 언덕이 되어주고 싶어도, 그가 상처받을까 걱정된다 해도 말이다. 사랑을 멈출 필요는 없지만 이제는 마음속으로만 해야 한다. 스스로를 피난처로 만든다면, 그는 힘겨워질 때마다 유혹을 느낄 것이다. 그가 약해지거나 상처받았을 때 당신을 찾아온다면 결국 똑같은 실수가 되풀이된다. 당신은 그것이 그를 지켜주는 일이라고 믿을지도 모르지만, 사실 어느 정도는 당신 자신이 그에게 기대고 있는 셈이다.

 그가 자신의 사랑을 하도록 내버려두자. 결정의 결과와 대가를 스스로 감당하게끔, 그로 인해 성장하게

끔 놔두고 당신은 당신의 삶을 살아가자. 출동 대기 중인 기사가 되지 말고 당신의 삶 속에서 실제로 분투하는 거다. 언젠가 둘이 다시 만날 기회가 있다면, 잘못된 사람을 만났거나 외로움에 무너져서가 아니었으면 한다. 두 사람이 지난 사랑의 문제를 극복할 수 있을 만큼 성숙해져서이길, 더는 달아나지 않을 힘이 생겨서이길 바란다.

당신이 그를 얼마나 오래 사랑했든, 얼마나 오래 기다렸든, 그건 마음으로만 간직하고 행동으로 내보이진 말자. 그게 바로 헤어진 당신이 그를 위해 할 수 있는 가장 좋은 일이다.

사랑을 시작하는 우리에게
연인을 위한 50가지 연습

초판인쇄	2025년 10월 10일
초판발행	2025년 10월 17일
지은이	천쉐
옮긴이	조은
펴낸이	강성민 이은혜
마케팅	정민호 박치우 한민아 이민경 박진희 황승현 김경언
브랜딩	함유지 박민재 이송이 박다솔 조다현 김하연 이준희
제작	강신은 김동욱 이순호
펴낸곳	(주)글항아리 ǀ 출판등록 2009년 1월 19일 제406-2009-000002호
주소	경기도 파주시 문발로 214-12, 4층
전자우편	bookpot@hanmail.net
전화번호	031-955-2689(마케팅) 031-941-5161(편집부)
팩스	031-941-5163
ISBN	979-11-6909-437-5 03800

잘못된 책은 구입하신 서점에서 교환해드립니다.
기타 교환 문의 031-955-2661, 3580

www.geulhangari.com